FREUD
CRIADOR DA MENTE MODERNA

OBJETIVA

Peter D. Kramer

FREUD
CRIADOR DA MENTE MODERNA

COLEÇÃO BREVES BIOGRAFIAS

Tradução
Rosaura Eichenberg

OBJETIVA

Todos os direitos desta edição reservados à
EDITORA OBJETIVA LTDA. Rua Cosme Velho, 103
Rio de Janeiro — RJ — CEP: 22241-090
Tel.: (21) 2199-7824 — Fax: (21) 2199-7825
www.objetiva.com.br

Título original
Freud — Inventor of the Modern Mind

Capa
Marcela Perroni / Ventura Design

Imagem de capa
Hulton Archive/Getty Images

Revisão técnica
Patricia Sá

Revisão
Sônia Peçanha
Eduardo Carneiro
Marcelo Magalhães

Editoração eletrônica
Abreu's System Ltda.

CIP-BRASIL. CATALOGAÇÃO-NA-FONTE
SINDICATO NACIONAL DOS EDITORES DE LIVROS, RJ.

K91f

Kramer, Peter D.
Freud : criador da mente moderna / Peter D. Kramer ; tradução Rosaura Eichenberg. — Rio de Janeiro: Objetiva, 2008.

228 p. - (Breves biografias) ISBN 978-85-7302-881-2
Tradução de: *Freud: inventor of the modern mind*

1. Freud, Sigmund, 1856-1939. 2. Psicanalistas - Áustria - Biografia. I. Título. II. Série.

08-3414

CDD: 150.1952092
CDU: 929:159.964.2

Para meus professores,
para meus pacientes
e, como sempre,
para Rachel

SUMÁRIO

I

Clima de Opinião

Em 1922, um marido profundamente perturbado propôs um desafio a Sigmund Freud: "Grande Doutor, o senhor é sábio ou charlatão?" Embora ele só a tivesse conhecido numa breve entrevista, Freud aconselhara a esposa do homem a abandoná-lo e a casar-se com seu antigo analista, um paciente e protegido de Freud. A parte lesada, Abraham Bijur, era uma pessoa de posses. Pretendia tornar pública a sua queixa no *New York Times*. Mas Bijur morreu pouco depois de escrever a carta. Quase sete décadas se passariam, antes que seu conteúdo fosse partilhado com os leitores do *Times*.

Durante a maior parte desses anos, Freud foi sobretudo o "sábio" de Bijur — uma imponente figura intelectual. Era, para início de conversa, o maior psiquiatra da época. Parecia possuir poderes especiais de observação que lhe permitiam transformar o trabalho com os pacientes em ciência inovadora. Usando métodos que ele próprio desenvolvera, Freud havia descoberto e mapeado o inconsciente. Nomeara os componentes da mente e explorara os princípios pelos quais eles operavam. Havia traçado a seqüência do crescimento psicológico humano, da primeira infância à maturidade do adulto. Havia identificado as causas da maioria das doenças mentais e inventado um método para tratá-las.

Freud era mais do que o médico perfeito. Era também um homem sábio, cuja descrição da mente doente teve profundas implicações para nossa compreensão da condição humana. Por baixo da racionalidade aparente, Freud havia discernido impulsos obscuros e anseios contraditórios que se uniam em padrões previsíveis, que ele chamava complexos. Havia demonstrado que, na cultura e na vida dos indivíduos, existia uma abundância de símbolos ocultos; os nossos costumes e comportamentos escondem e revelam, ao mesmo tempo, pulsões sexuais e agressivas incompatíveis com os requisitos da sociedade civilizada. As teorias de Freud pareciam atualizar antigas filosofias, delineando nossas vidas como dramas trágicos de um tipo nitidamente moderno. Era como se, antes de Freud, nunca tivéssemos conhecido a nós mesmos.

Há um quarto de século, o status de Freud começou a mudar. Documentos esquecidos vieram à luz. Mostravam que Freud havia regularmente deturpado o desenvolvimento de suas idéias e os detalhes de sua própria história de vida. A nova compreensão do trabalho clínico de Freud era particularmente perturbadora. Ele havia alterado fatos para que se ajustassem à teoria, realizado terapias de maneiras que guardavam escassa relação com seus preceitos e declarado sucesso em terapias que tinham fracassado. Até que ponto foram danosas essas descobertas à luz das contribuições de Freud? A resposta a essa pergunta talvez dependa, em parte, do status das idéias de Freud, que foram elas próprias perdendo a aprovação. Os defensores e os detratores de Freud adotaram posições opostas, na controvérsia conhecida como "Freud Wars". O desafio de Bijur passou para o centro do palco: sábio ou charlatão?

O caso que tanto desgosto causou a Abraham Bijur contribuiu para a reavaliação. Bijur, um financista, era casado com uma mulher mais jovem, Angelika, que tinha riqueza própria. Angelika Bijur encetara uma relação sexual com seu antigo analista, o eminente psiquiatra americano Horace Frink.

Frink era casado, tinha dois filhos pequenos. Havia muito tempo era propenso a transtornos de humor e, ao longo do caso amoroso, tornou-se emocionalmente perturbado. Incerto quanto a como proceder, Frink viajou para Viena à custa de Angelika Bijur a fim de fazer um curso de análise com Freud.

Frink tinha uma história difícil. Quando estava com 8 anos, seu pai sofreu um fracasso financeiro. O pai se mudou em busca de trabalho, levando a esposa junto com ele e deixando Frink aos cuidados dos avós. Quando Frink tinha 15 anos, sua mãe morreu de tuberculose. No meio de seus 20 anos, Frink sucumbiu à depressão. Apesar do tratamento psicanalítico, tornou a sentir-se deprimido nos seus 30 anos. Frink sabia estar sujeito a alterações de humor.

Em 1921, com 38 anos, Frink consultou Freud. Frink estava num estado de agitação, às vezes euforia. Acordava às três da madrugada. Descrevia-se como "mais falante e divertido do que jamais fui na minha vida", embora também experimentasse uma "sensação de irrealidade". Em retrospectiva — e aos olhos do médico que assumiu o tratamento depois que Freud se retirou do caso —, Frink estava entrando na fase maníaca de um transtorno maníaco-depressivo havia muito estabelecido.

Nas primeiras horas do tratamento, Freud lançou-se a uma formulação baseada num dos aspectos menos desenvolvidos de sua própria teoria: Freud decidiu que Frink tinha tendências homossexuais latentes. Aparentemente, a postura admiradora de Frink no consultório e a sua indecisão na vida privada é que levaram Freud a essa conclusão. Frink resistiu a essa linha de pensamento. Freud foi inflexível. Qualquer demora em buscar uma vigorosa satisfação heterossexual colocaria em perigo a saúde psíquica de Frink.

Em questão de semanas, Freud fez com que Frink insistisse para que Angelika Bijur se reunisse a eles. Numa carta, ela mais tarde relatou: "Quando vi Freud, ele me aconselhou a conseguir o divórcio por causa de minha existência incompleta... e porque, se eu abandonasse o dr. F. agora, ele nunca mais tentaria voltar à normalidade e era provável que se tornasse um homossexual, ainda que de um tipo altamente dissimulado."

Essa intervenção forçada — a cura pela ação, em vez de pelo insight — não estava de acordo com os princípios da psicanálise, e Freud agiu para manter o seu papel em segredo. Numa carta a Frink, observou que havia alertado Angelika Bijur para não "repetir a pessoas estranhas que eu a aconselhei a casar-se com você diante da ameaça de um colapso nervoso. Isso lhes dá uma falsa idéia do tipo de conselho que é compatível com a análise, e muito provavelmente será usado contra a análise".

Nem Frink nem Angelika Bijur ficaram plenamente persuadidos. Ainda assim, por sugestão de Freud, os amantes se encontraram com Abraham Bijur em Paris para lhe dar a má notícia. Bijur ficou ofendido. Dirigindo-se a Freud por escrito, Bijur perguntou: "Como pode fazer um julgamento que arruína o lar e a felicidade de um homem sem ao menos conhecer a vítima para ver se ela merece o castigo ou se, por meio dele, não seria possível encontrar uma solução melhor?" Pouco depois, Bijur morria de câncer.

Doris Frink parece ter sido uma esposa preocupada e submissa. A seu marido em Viena, ela escreveu: "Sinto que você tem experimentado uma grande dose de infelicidade, e estou ansiosa para que venha a ter uma dose igualmente grande de felicidade. Não consigo achar que isso se encontre onde Freud pensa estar." Aplacada por um incentivo de cem mil dólares dado pela amante de seu marido, Doris Frink dirigiu-se a Reno para obter o divórcio, escrevendo cartas de amor por todo o caminho. Morreria menos de um ano mais tarde, em 1923.

Enquanto isso, Horace Frink tornava-se delirante, dizendo que Angelika Bijur parecia "estranha, semelhante a um homem, a um porco". Ainda assim, Freud argumentou a favor da satisfação sexual. No final de 1922, Frink e Bijur se casaram. O estado de Frink piorou imediatamente. O casamento fracassou, e Frink tornou-se ativamente suicida, precisando de repetidas hospitalizações. O casal se divorciou em 1925.

Frink nunca se recuperou, mas, segundo o relato de seus filhos, teve alguns bons anos, até que a sua psicose tornasse a se manifestar pouco antes de sua morte, em 1936. Quanto à escolha que tenderia a beneficiar Frink, Freud estava espantosamente equivocado. Os meses entre o divórcio de Doris Frink e o divórcio de Angelika Bijur foram os piores da vida de Horace Frink. É difícil avaliar a relação de causa e efeito, mas na esteira da intervenção de Freud dois cônjuges morreram, Frink sofreu um colapso nervoso, Angelika Bijur entrou e saiu de um casamento desesperançado, e dois filhos viram suas vidas gravemente despedaçadas.

Embora suas linhas gerais fossem conhecidas por alguns psicanalistas, o caso Frink só veio a público na década de

1980, quando uma filha de Doris e Horace Frink arrumou alguns documentos relativos à doença mental de Frink. O Freud que emergiu dos papéis nada tinha de sábio conselheiro.

Com Frink, Freud foi incompetente no seu diagnóstico. Mal parecia ter procurado conhecer a história clínica de Frink. Interpretou de forma inteiramente errônea as capacidades de seu paciente. Era como se Freud, famoso por seu insight humano, fosse primariamente um sistematizador, alguém que abordava as pessoas pela teoria e não pela compreensão natural. E que teoria peculiar, se sugeria que a estimulação sexual ofereceria a um paciente frágil e volúvel uma proteção melhor contra a psicose do que a vida numa família intacta com uma esposa dedicada.

O que tornou a debacle de Frink particularmente perturbadora, quando começou a circular a sua história, foi a possibilidade de que Freud tivesse motivos ulteriores. Frink ajudara a fundar a Sociedade Psicanalítica de Nova York. Em meio ao distúrbio de Frink, Freud insistiu para que os membros o aceitassem como chefe da organização. Freud acreditava que a predominância de judeus na profissão limitava a sua aceitabilidade; havia esperado que Frink, que não era judeu, legitimasse a psicanálise nos Estados Unidos. Freud ainda pode ter nutrido esperanças mais concretas — que, uma vez casado, Frink dirigisse os recursos de Angelika para o movimento. Freud escrevera a Frink: "A sua queixa, de que não pode compreender a sua homossexualidade, sugere que você ainda não está consciente de sua fantasia de me tornar um homem rico. Se tudo sair bem, vamos transformar esse presente imaginário numa contribuição real para os Fundos Psicanalíticos."

Igualmente desagradável foi a resposta de Freud ao resultado desastroso do tratamento. Freud sempre menosprezara os americanos. Enquanto a sanidade mental de Frink se esclarecia, Freud se referia ao caso como se ele confirmasse as falhas, a ingratidão e a imaturidade do caráter nacional. Sobre a Sociedade Psicanalítica de Nova York, Freud escreveu: "A minha tentativa de lhes dar um chefe na pessoa de Frink, tão malsucedida, é a última coisa que farei por eles."

Freud parecia impossivelmente narcisista — focado de modo unilateral em seus próprios interesses, propenso ao auto-engano e longe de ser incapaz de enganar os outros. E esse não era o jovem Freud, tateando o caminho em direção aos métodos da psicanálise, nem o Freud idoso perseguido pela doença. Em 1923, Freud começou a envelhecer rapidamente, em face de repetidas operações de um câncer de boca. Mas em 1921, Freud estava no auge de suas forças — na metade de seus 60 anos, famoso e bem adiantado no desenvolvimento da obra de sua vida.

Não era só o caráter que estava em debate. Se Freud era mais egoísta e peremptório do que antes parecia, essas deficiências podiam ser toleradas num homem de gênio. Mas o caso Frink também propunha questões sobre métodos e conclusões.

Uma das contribuições mais importantes de Freud era uma postura particular em face do desconhecido. Freud pedia a seus pacientes que deixassem o pensamento fluir livremente, sem levar em conta considerações comuns da lógica. O analista escutava então com o que Freud chamava uma "atenção flutuante", suspendendo o julgamento e permanecendo aberto a pistas que poderiam revelar a vida interior do paciente. Quando discernia pensamentos ou desejos ocultos, o analista os interpretava para o paciente de forma neutra, tomando cuidado para não favorecer um impulso ou aspecto da mente em detrimento de outro. O terapeuta reivindicava ter um pouco da "capacidade negativa" que Keats atribuiu a Shakespeare, tolerância diante da incerteza, livre de qualquer "busca impaciente" por conclusões adequadas. Quando surgia um material promissor, o analista o submetia a uma espécie de análise literária, procurando ambigüidade em determinadas palavras e vendo para onde uma leitura alternativa poderia conduzir.

Essa abordagem constituía uma forma de pesquisa empírica, na qual o médico resistia a qualquer inclinação para se introduzir no fluxo de pensamento do paciente. Era também um meio de cura, porque a percepção exata do conflito inconsciente permitia que o paciente se libertasse dos sintomas que o conflito havia criado e mantido. Essas duas funções, ciência investigativa e medicina clínica, apoiavam-se uma na outra. As revelações levavam à recuperação, e a recuperação validava as revelações. Essa era a forma de provar as suas idéias — elas surgiam da observação, e funcionavam.

Esse método era parte do que tornava Freud e a psicanálise atraentes. Implícita estava a noção de que os humanos são criaturas misteriosas, delicadas, multifacetadas, sendo mais bem abordados com tato e curiosidade. Os detalhes e as diferenças têm importância. O freudismo afirmava ser objetivo, mas a objetividade revelava valores, entre eles o respeito pela individualidade, a autocompreensão e a razão. Ao fustigar um paciente, ao aplicar dogmaticamente a teoria, ao colocar a ação antes da conscientização, Freud havia traído princípios éticos ligados à sua obra.

E, sem dúvida, ele boicotava a sua credibilidade como cientista. Um homem tão compelido a impor as suas próprias visões poderia ter se dedicado às décadas de pesquisa silenciosa que descrevia nos seus escritos?

Quando a questão Frink veio à luz, os defensores de Freud a descartaram como uma aberração. Mas depois os pesquisadores examinaram outras terapias em que havia evidências externas sobre o modo como Freud trabalhava. Em 43 casos, os pacientes haviam descrito as suas análises com Freud por meio de ensaios, diários, correspondência ou entrevistas. Em 37 dessas terapias, Freud dera conselhos, expressara suas opiniões ou insistira para que o paciente seguisse determinada direção. Nos restantes seis casos, ele quebrara outras de suas regras declaradas para a realização apropriada do tratamento. Esse testemunho suplementar, independente dos próprios relatos de Freud, sugeria que ele raramente realizava psicanálises "freudianas".

Tampouco era única a intromissão particular que dominava o caso Frink — o conselho para que um analista e sua antiga paciente se casassem. Num dos casos, Freud estava tão seguro do que era necessário fazer que ele próprio transmitiu o pedido de casamento, em nome de um colega ambivalente. Freud assegurou à futura noiva: "Assumi essa missão de confiança porque eu também não sei de nenhuma outra solução melhor para vocês dois."

Nenhum desses passos errados no tratamento fracassado de Frink era um exemplo isolado. Freud freqüentemente ignorava diagnósticos óbvios. Com bastante regularidade, ele punha de lado explicações de sintomas ditadas pelo senso comum em favor das recônditas, que faziam avançar uma teoria acalentada. Muitas vezes essa teoria enfatizava o papel do sexo, à custa de necessidades como um apoio emocional. Quando os pacientes se opunham às suas interpretações, Freud tipicamente fazia ouvidos moucos a seus protestos. Quando o estado de um paciente piorava, Freud não fazia correções no meio do caminho, mas aferrava-se à sua formulação inicial. Em vez de reavaliar a sua teoria à luz dos fracassos do tratamento, Freud se concentrava em controlar as informações liberadas ao público. E depois, em vez de pedir perdão àqueles que havia prejudicado, Freud se entregava a uma autojustificação irada.

As novas evidências estendiam-se aos casos bem conhecidos de pacientes cujas histórias, conforme recontadas por Freud, formam a base para a psicanálise. Para qualquer ponto que se olhasse no corpus de Freud, havia erros e deturpações. Ele escrevera biografias baseadas em falsas premissas e tentara uma antropologia fundamentada em pressuposições insustentáveis.

Para aqueles que amavam e admiravam Freud — e eu me incluo nesse grupo —, a questão Frink e as revelações que a rodeavam eram perturbadoras. Não era uma questão de criticar com violência — era de sentir-se enganado e decepcionado. A estatura de Freud surgiu de sua oposição ao engano, à hipocrisia e ao autoritarismo. Agora o seu comportamento parecia exemplificar esses próprios vícios.

Em nenhum outro lugar é maior a mudança no status de Freud do que dentro da medicina acadêmica, especialmente nos Estados Unidos. Estudei na Harvard Medical School na década de 1970. Harvard era então um tal bastião de ortodoxia que a faculdade nem precisava se dizer freudiana. Não havia distinção entre estudar psiquiatria e seguir Freud.

A sua influência não era limitada a um departamento. No início de meus estudos de pediatria, um médico graduado abriu o curso de desenvolvimento infantil perguntando por que os meninos de 4 anos ficam inquietos nas lojas de sapatos. Fazia anos que esse professor não atualizava seu repertório de piadas, e um colega graduando tinha me dado as dicas. Dei a resposta: "Angústia de castração."

O professor me olhou com raiva. Eu havia revelado sem querer a chave de sua espúria história escabrosa, que dizia mais ou menos o seguinte: os meninos de 4 anos (como Freud havia ensinado) estão na fase edipiana do desenvolvimento, na qual o menino compete com o pai pelo amor da mãe. Preocupado com a retaliação, e consciente de que suas irmãs são anatomicamente desprovidas, o menino passará a temer pela segurança de sua "arma". Quando o vendedor enfia um sapato no seu pé, o menino sente uma angústia alimentada pela fobia sexual. O pé vai reaparecer?

Depois de trinta anos de estrada, como essa cadeia de raciocínio parece desorientada! Os meninos têm mais problemas nas lojas de calçados do que em outros lugares estranhos em que lhes pedem que fiquem sentados quietos? Não é natural não gostar que um estranho enfie o seu pé num sapato novo e rígido? Se estão preocupados que um dos pés desapareceu, os meninos não podem mexer os dedos do pé ou chutar o vendedor? E por que pôr o pênis no meio da história? Perder o pé já não chega? Todos os meninos chegaram à mesma conclusão sobre as meninas, que elas foram mutiladas? Não há nada na situação que nos levaria à mesma conclusão hoje em dia.

Os estudantes de medicina do meu tempo passavam por cima do exemplo comum, porque sabíamos que estávamos sendo apresentados aos princípios da psicologia, isto é, estávamos "aprendendo Freud". As conclusões de Freud eram descobertas. Era assim que os livros-texto a elas se referiam. Assim como William Harvey, no século XVII, havia descoberto a circulação do sangue, Sigmund Freud, perto do início do século XX, tinha descoberto o complexo de Édipo, a angústia da castração e uma legião de outros fenômenos. Esses detalhes particulares eram elementos de uma descoberta maior, a do inconsciente e dos princípios que guiavam as suas operações.

Freud era um herói da categoria de Copérnico e Darwin, um explorador cujas descobertas revolucionaram a compreensão da humanidade sobre seu lugar no cosmos. O próprio Freud fizera a comparação repetidas vezes. Ao mostrar que o homem não está no centro do Universo nem foi criado de qualquer modo privilegiado, Copérnico e Darwin deram golpes em nossa auto-estima. A descoberta de Freud — que a mente racional não é senhora de sua própria casa, mas está sujeita a forças inconscientes — colocava-o num plano semelhante. Entre seus contemporâneos, o único par de Freud era Einstein.

O status de Freud erodiu aos poucos, mas no final da década de 1980, quando seu caráter estava sendo reavaliado, ele deixou a companhia dos gigantes da ciência. A Terra gira ao redor do Sol a cada ano. A seleção natural e sexual age ao longo das gerações. A massa se converte em energia. Não há astronomia sem Copérnico nem biologia sem Darwin nem física sem Einstein. Mas umas meras décadas depois da morte de Freud, as suas leis haviam desaparecido do cânone científico. Os pediatras já não recebem os estudantes com uma referência à versão freudiana do desenvolvimento infantil. Na verdade, nas escolas de medicina, o nome de Freud talvez nem seja mais mencionado, exceto como um fornecedor de crenças antiquadas.

Uma defesa-padrão de Freud tinha a ver com a natureza da inovação. Sim, dizia o argumento, Freud era propenso a relatar erroneamente os seus métodos e resultados, mas muita pesquisa pioneira é assim desleixada. O contemporâneo de Freud, o físico Robert Millikan, ganhou o Prêmio Nobel por experimentos que caracterizavam a carga dos elétrons. Os cadernos de anotações de laboratório de Millikan sugerem que ele descartava dados inconvenientes. Suspeitas semelhantes têm sido aventadas sobre a obra de Gregor Mendel no século XIX e a obra de Charles Coulomb no século XVIII. Por séculos, os pioneiros têm conseguido descobrir a verdade apesar de observações confusas.

Mas essa racionalização funciona melhor para um cientista cujas inovações resistem ao teste do tempo. Os historiadores da ciência têm demonstrado que o "inconsciente" foi um lugar-comum durante quase todo o século XVIII e o XIX. A contribuição de Freud foi um conjunto de afirmações sobre o funcionamento da mente — que ela reprime os impulsos sexuais, cuja marca, entretanto, permanece evidente nos sintomas das doenças mentais. A conclusão de Freud sobre Frink, de que a sua deferência e indecisão revelavam tendências homossexuais, segue essa linha. Foram essas contribuições dramáticas para a sabedoria geral que se revelaram menos duráveis. A psicologia já não reconhece uma categoria que se parece com "homossexualidade latente".

A maioria das contribuições particulares de Freud — como a angústia de castração nos meninos e sua contrapartida, a inveja do pênis nas meninas — desapareceu de modo semelhante. Algumas das idéias de Freud têm sido refutadas. Mas para a maioria o problema é ainda pior. Os conceitos estão demasiado distantes da crença atual para merecerem qualquer esforço de pesquisa. A estrutura de compreensão de Freud parece simplesmente errada.

Pode-se argumentar que a medicina de hoje exibe uma continuidade razoável com a medicina existente antes da intervenção de Freud. Agora os médicos talvez formulem o caso Frink em termos de genética e estresse. O pouco que sabemos sobre o pai de Frink — o negócio fracassado e a família abandonada — sugere a possibilidade de uma doença maníaco-depressiva. Talvez Frink tenha herdado alguma deficiência nessa direção, uma fraqueza que foi então exacerbada pela adversidade na infância e por pressões complicadas na vida adulta. Esses mesmos conceitos — a idéia de que a herança, o trauma nos primeiros anos de vida e o estresse posterior conduzem à doença mental — eram comuns no século XIX, assim como o "tratamento moral", o uso de um ambiente calmante, para aliviar a sorte dos aflitos. Quando ainda não estava aos cuidados de Freud, Frink passou algum tempo num rancho no sudoeste americano, uma experiência que parece tê-lo acalmado. A contribuição mais apreciada de Freud à teoria predominante, a noção de que uma atenção aos assuntos sexuais sempre se mostrará central para a discussão, é o elemento que perdeu importância.

Essa combinação de mudanças tem se revelado destrutiva para a reputação de Freud. Ele era mais tortuoso e menos original do que demonstrava ser, e nos pontos em que foi pioneiro estava freqüentemente errado. Freud exibia um mau caráter a serviço da má ciência. Ainda assim, Freud continua influente. O que é mais extraordinário sobre Freud é a combinação de descobertas efêmeras e impacto duradouro. Freud é *sui generis* precisamente porque acabou não sendo parecido com Copérnico, Darwin ou Einstein.

É impossível imaginar o *moderno* sem Freud. Considerem uma única área, a literatura. O monólogo interior ou fluxo de consciência, nos romances de James Joyce e Virginia Woolf, traz a marca do método de psicanálise de Freud, com seu esteio no fluxo de associações do paciente. No seu emprego de denso simbolismo e jogo de palavras, T. S. Eliot, Ezra Pound e Vladimir Nabokov prestam uma homenagem involuntária à descrição freudiana dos efeitos complexamente codificados de desejos ocultos.

Mesmo depois da limitada era "moderna" do século passado, continuamos freudianos em nossa vida diária. Discutimos preocupações íntimas na linguagem de Freud, usando palavras como *ego* e *defesa*. Escutamos e observamos como freudianos. Quando os outros nos dirigem a palavra, notamos incongruências denunciadoras que escondem e revelam, ao mesmo tempo, pensamentos e sentimentos inaceitáveis. Quando um amante esquece um encontro, receamos que se trate de uma hostilidade não expressa de outras maneiras. Na prosa graciosa de Freud: "Aquele que tem olhos para ver e ouvidos para escutar talvez se convença de que nenhum mortal é capaz de manter um segredo. Se os lábios se calam, o homem tagarela com as pontas dos dedos, a revelação goteja de cada um de seus poros." A nossa crença sobre as camadas da mente tem implicações sociais e morais. Em nós mesmos e nos outros, podemos procurar um nível de responsabilidade que transcende os pensamentos a que temos fácil acesso. Indo além da sinceridade, podemos solicitar o auto-escrutínio requerido para atingir um estado a que Lionel Trilling deu o nome de autenticidade. Vamos pedir que o amante desatento cave mais fundo, descubra razões para um esquecimento seletivo e depois se relacione com menos ambivalência psicológica. Se essa maneira de pensar sobre as motivações humanas existia antes de Freud, ainda assim ele a trouxe para o primeiro plano.

Esse Freud é o nosso Freud, um homem equivocado em muitas frentes, cuja obra estimulou a construção do moderno. Era Freud um visionário ou um mercenário? Em nossa época, a pergunta de Abraham Bijur — sábio ou charlatão? — é difícil de ser evitada. Se somos todos freudianos, temos razões para tentar compreender o imperfeito e brilhante pensador que, nas palavras do elogio de W. H. Auden, com freqüência "estava errado e era, às vezes, absurdo", mas que se tornou e continua a ser "todo um clima de opinião em que levamos nossas vidas diferentes".

II

Desenvolvimento do Herói

Freud nasceu em 1856 em Freiberg, uma cidade mercante da Morávia no território em que hoje se encontra a República Tcheca. Lugar atrasado no Império Austro-húngaro, Freiberg tinha 4.500 residentes, dos quais pouco mais de cem eram judeus. Durante séculos, os judeus estiveram oficialmente sujeitos a leis restritivas e não oficialmente a humilhações e violências periódicas. Foi somente em 1849 que o imperador concedeu direitos extensivos aos judeus, e certas restrições comerciais continuaram a existir.

Os pais de Freud vieram da Galícia, que hoje é parte da Ucrânia, e cresceram falando iídiche. O pai de Freud, Jakob, era um negociante de lã marginalmente bem-sucedido que geria um negócio transmitido pela família. A sua primeira mulher morrera, e os dois filhos desse casamento, Emanuel e Philipp, trabalhavam com ele. Quando Jakob Freud se casou com Amalia Nathansohn, ele tinha 40 e ela, 20 anos — mais ou menos a mesma idade de seus enteados.

Quando Amalia deu à luz Sigismund Schlomo, ou Sigmund, a família nuclear vivia num único quarto sobre a oficina de um ferreiro. As gravidezes de Amalia seguiram-se quase coladas umas às outras. Julius, nascido um ano depois de Sigmund, morreu antes de chegar aos oito meses. Julius recebera esse nome em homenagem ao irmão de Amalia, que morreu com 20 anos, durante a sua gravidez, por isso a mãe de Freud sofreu duas perdas num intervalo curto de tempo, durante a primeira infância do menino. Ela se tornou profundamente ligada a seu primogênito. Ele, por seu lado, sofreu com sonhos de ansiedade durante toda a sua infância. Mais tarde associaria esses sonhos a medos de que sua mãe também morresse.

Sigmund tinha dois anos e meio quando nasceu uma irmã, Anna. À época, Philipp era a figura dominante na casa. Freud tivera uma ligação especialmente forte com sua babá tcheca, a quem mais tarde chamava de "minha professora em questões sexuais". Enquanto Amalia estava afastada, dando à luz Anna, Philipp despediu a babá por furto.

A ansiedade de Sigmund era substancial. Ele se preocupou com a ausência da mãe durante o parto transcorrido paralelamente à expulsão da babá. Chorando pela mãe, Freud mandou Philipp abrir um armário, ou *Kasten*; o menino tomara ao pé da letra a explicação jocosa de Philipp de que a babá fora "colocada numa caixa", ou *eingekastelt* — isto é, encarcerada —, e temia que a mãe tivesse o mesmo destino.

A mãe de Freud estaria ausente ou continuamente preocupada durante toda a infância do menino. Ao longo dos sete anos seguintes, Amalia teve mais quatro filhas e um filho. Nesse meio-tempo, contraiu uma doença pulmonar, provavelmente tuberculose, que a tirava de casa para curas de repouso.

O pai de Freud era um homem manso, bondoso, com um senso de humor delicado. Freud achava Jakob inútil e servil. Uma história que o pai lhe contou, quando Freud tinha 10 ou 12 anos, causou uma profunda impressão no filho. Ainda jovem, Jakob fora caminhar no sabá usando um novo gorro de pele. Um cristão atirou o chapéu na lama e gritou "judeu". Quando o filho perguntou ao pai o que ele tinha feito, Jakob respondeu: "Peguei o gorro." A idéia de Jakob era que as condições dos judeus haviam mudado substancialmente. Freud nascera num ambiente de novas liberdades, e o relato o deixou desapontado com o pai, determinado a superá-lo em coragem.

Em 1859, quando Freud tinha 3 anos, o pai levara o negócio da família à bancarrota. Os meios-irmãos se estabeleceram na Inglaterra e prosperaram financeiramente, às vezes ajudando a sustentar o padrasto. Jakob, Amalia, Sigmund e Anna dirigiram-se a Leipzig e depois à sede imperial, Viena. No caminho, Freud temia ser esquecido, enquanto o trem levava seus pais para longe. Freud mais tarde recordava que, na viagem final a Viena, ele viu a mãe nua. Ela estaria então grávida de uma filha, Rosa.

Conhecemos esses detalhes porque os primeiros historiadores, encantados com os métodos de Freud, queriam psicanalisar o mestre e assim catalogaram todo e qualquer fato disponível sobre o seu desenvolvimento. Um pesquisador escreveu que, apesar de Freud ter destruído repetidas vezes as suas notas e cartas, há mais dados documentais notáveis sobre Freud do que sobre qualquer outra figura na história. *Notáveis* se refere ao material que Freud definiria como reveladores, como os sonhos e as recordações da infância.

Agora que as idéias de Freud são compreendidas antes como opiniões que como descobertas, talvez faça sentido seguir na direção oposta, explorando a teoria por meio da vida. Temos muita experiência com psicoterapias. Em meados do século XX, as escolas de tratamento floresceram com abundância. O que se tornou claro foi que freqüentemente a psicoterapia é memória. Um psiquiatra (Murray Bowen), nascido numa família emocionalmente complicada, construiu um tratamento destinado a intensificar a autonomia psicológica, o que ele equiparava à saúde mental. Outro psiquiatra (Ivan Boszormenyi-Nagy), que tinha eminentes juristas entre os seus parentes, desenvolveu uma terapia que cutuca os pacientes para que adotem um comportamento justo, sua própria versão da realização. O que os médicos inovadores acreditam sobre a humanidade reflete freqüentemente o que descobrem ao longo de suas próprias lutas em direção à maturidade.

Freud é o modelo do tipo. Tomando o menor dos exemplos: durante toda a sua vida, Freud era nervoso a respeito de trens, até sujeito a ataques de pânico. Nas férias da família, ele viajava separado da mulher e dos filhos, não só porque temia danos à família inteira, mas porque não queria que sua ansiedade fosse observada. Nos ensaios teóricos, Freud tentou explicar as fobias de trem. Escreveu que aqueles que nos primeiros anos de vida desenvolvem uma "ligação compulsiva" entre a viagem de trem e a sexualidade reprimirão mais tarde os seus desejos e tornar-se-ão "sujeitos a ataques de ansiedade na viagem e vão se proteger contra uma repetição da experiência dolorosa por meio de um pavor de viagem de trem". Repetidas vezes, Freud transformava a sua experiência privada em proposições universais. Esse exemplo indica também a tendência de Freud a ignorar explicações alternativas, não-sexuais, para o comportamento. Sabemos que a sua ansiedade na infância precedeu realmente o vislumbre do que ele chamou "*matrem nudam*".

Uma vez adotado esse ponto de vista, veremos a infância particular de Freud refletida em toda a sua obra. Freud formulava hipóteses — freqüentemente a respeito das objeções de um paciente ou sua família — sobre os efeitos indutores de neurose das "cenas primárias", quando uma criança pequena observa a mãe e o pai no meio de uma relação sexual e confunde o afeto com agressão. Mas os clientes ricos de Freud eram criados em quartos de criança longe dos pais. Foi Freud quem passou os primeiros anos no mesmo quarto de dormir de sua mãe e seu pai. Com base em evidências escassas, Freud sugeriu que as vidas criativas de grandes homens — Moisés e Leonardo da Vinci — foram modeladas por laços com figuras maternas duais. Mas foi Freud quem começou a vida com seu afeto dividido entre uma babá sexualmente provocadora e uma ativa mãe casada com um marido que tinha o dobro de sua idade.

Tudo considerado, a estrutura da família em Freiberg era inusitadamente estimulante e confusa. O companheiro de brincadeiras favorito de Freud era o seu sobrinho John, o filho de Emanuel, que era um ano mais velho que seu jovem tio Sigmund. Como Emanuel observou mais tarde, as duas gerações da família Freud realmente valiam por três — com o pai, Jakob, assumindo o papel de avô. Alguns biógrafos têm sugerido que Philipp era amante de Amalia e que o caso provocou a dispersão da família.

Freud deixaria mais tarde a sua marca ao propor o medo do pai, a competição com o pai pelos favores da mãe e a culpa por qualquer vitória nessas lutas como a motivação central de todo homem. Mas, numa nota autobiográfica de pé de página escrita em 1924, Freud deixa escapar a observação de que os sentimentos hostis e invejosos geralmente dirigidos ao pai estavam no seu caso voltados para o meio-irmão. Em questão estava um fenômeno reconhecido desde o Gênesis: rivalidade entre irmãos. Além do atrito entre os meios-irmãos, parece ter havido competição entre Jakob e Philipp — mas, nesse caso, estaria em questão a sexualidade adulta, e não a infantil. É divertido especular como o pensamento ocidental pode ter sido transformado pelo ambiente confuso dos primeiros anos de Freud e sua amalgamação de dois conflitos mundanos, a rivalidade entre irmãos e o ciúme conjugal, numa única história dramática, o complexo de Édipo.

Em Viena, a família de Freud vivia num bairro judaico apinhado de gente. Em vários relatos autobiográficos, Freud caracterizava a família como pobre. Mas a família tinha criados, férias de verão, acesso ao teatro e à ópera e, embora os apartamentos sempre fossem modestos, mais espaço para viver do que fora o caso no campo. A mudança para Viena foi liberadora para Freud.

O que é muito importante: Viena oferecia uma educação pública sofisticada. O talento de Freud era visível. Com 7 anos, ele lia com o pai a Bíblia da família. Entrou no ginásio cedo, com 9 anos. "Fui o primeiro da minha classe por sete anos", Freud escreveu mais tarde. "Eu gozava de privilégios especiais e quase nunca tive de ser examinado na classe." O deslocamento para Viena trouxera consigo uma mudança de língua, do tcheco e iídiche para o alemão, embora durante toda a sua vida Freud escorregasse para o iídiche na vida privada. Em pouco tempo, Freud podia ler em grego, latim, francês e inglês, mergulhando em Shakespeare. Mais tarde, aprendeu italiano e espanhol. Freud estudou substancialmente o hebraico, embora quando adulto afirmasse ter esquecido tudo o que sabia.

Alguns aspectos da infância de Freud são obscuros, em parte porque ele queria que assim fossem. Freud começou a destruir os seus papéis já com 28 anos, quando ainda não havia realizado nada de monta. Escreveu à sua noiva: "Quanto aos biógrafos, eles que se preocupem, não tenho vontade nenhuma de facilitar as coisas para eles. Cada um de nós terá razão na sua opinião sobre o 'Desenvolvimento do Herói'..."

O que restou intacta é uma série de histórias relativas à percepção de Freud sobre a sua própria importância. Uma delas, contada repetidamente durante toda a infância de Freud, dizia que no seu nascimento uma velha camponesa "profetizou à minha mãe [...] que ela dera ao mundo um grande homem". Esse mito familiar — Freud especulou ao considerar a história em *A Interpretação dos Sonhos* — pode ter sido "a origem da minha sede de grandeza".

Quando tinha 4 anos, Freud manchou uma cadeira e assegurou à mãe que cresceria para ser um grande homem e comprar outra cadeira para ela. Depois um estranho numa padaria disse à mãe: "Algum dia o mundo inteiro vai falar sobre esse pequeno." Quando Freud tinha 11 ou 12 anos, um poeta que passeava no Prater, o magnífico parque de Viena, declarou a seus pais que o menino se tornaria ministro de Estado.

Todos esses incidentes envolviam Amalia. Uma reunião semelhante de histórias envolvendo Jakob inclina-se na outra direção. Quando tinha uns 7 anos, Freud urinou no quarto de dormir de seus pais, e Jakob disse ao filho que ele nunca seria ninguém. Freud afirmava que esse episódio despertou a sua ambição. Da mesma forma, o episódio com o chapéu de pele levou Freud a jurar vingança. Adotou como herói o semita Aníbal, que lutou contra os romanos apesar de grandes desvantagens, assim como um judeu talvez pudesse enfrentar a cultura católica em Viena. Essas histórias dão a impressão de um menino determinado a se realizar, consumando os sonhos da mãe e opondo-se à profecia e ao exemplo do pai.

Freud era certamente o favorito de Amalia, o seu "Sigi dourado". Por menores que fossem os alojamentos, Freud sempre tinha um quarto próprio. O seu gênio redimiria a família, e assim as suas necessidades vinham em primeiro lugar. Quando Freud reclamou que as aulas de piano de Anna interferiam em seus estudos, o piano desapareceu. Embora o pai em geral reservasse para si o privilégio de dar nome aos filhos, foi Freud, com 10 anos, quem escolheu o nome Alexander (em referência a outro herói estrangeiro, um macedônio entre os gregos) para o bebê seu irmão.

Na vida adulta, Freud fez repetidos comentários no sentido de que "as pessoas que se sabem os preferidos ou favoritos da mãe dão mostras, na vida, de uma peculiar autoconfiança e otimismo inabalável que freqüentemente parecem atributos heróicos e trazem sucesso real a quem os possui". Freud escreveu que a relação com um filho é única na satisfação que dá à mãe: "Esta é de modo cabal a mais perfeita, a mais livre de ambivalência de todas as relações humanas. A mãe pode transferir a seu filho a ambição que fora obrigada a suprimir em si mesma."

Mas, em termos modernos, Freud não era notavelmente resiliente. Era fóbico, obsessivo e propenso à depressão. Se o favoritismo de sua mãe constituiu apoio ou pressão — se produziu confiança ou dúvida de si próprio — não é claro. De qualquer modo, Freud era possuído de uma "sede de grandeza". O aparecimento do heroísmo foi certamente crucial para Freud. Um dos efeitos da pesquisa na última metade de século tem sido revelar até que ponto Freud participou da iniciativa de criar o mito. Quase como uma questão de reflexo, ele exagerava os obstáculos que superava. Essa tendência é evidente no seu relato dos tempos na escola. Ele se retratava como animado e rebelde. Os documentos existentes sugerem que ele era um estudante disciplinado, que tendia a ficar ao lado da autoridade.

Freud não parece uma criança especialmente amável — e nesse ponto a evidência mais substantiva provém de um panegírico feito pela irmã Anna. Ela o caracteriza como pomposo, pedante e presumido. Freud dava aulas aos irmãos e irmãs sobre assuntos acadêmicos e julgava seus gostos. (Ele desaprovava que Anna lesse Balzac e Dumas.) Anna recorda que o irmão tinha antes companheiros de estudo que de brincadeiras. Na versão de Anna, Freud parece uma criança que participava das interações sociais de forma mecânica, que se baseava tanto na razão como no sentimento de camaradagem para compreender os seus pares.

A maneira de considerar esse testemunho depende de como se vê Freud na sua totalidade. A recordação de Anna pode ser descartada como o libelo de uma irmã ciumenta. Mas o panegírico é sob outros aspectos bondoso, e seus detalhes se encaixam bem numa visão de Freud como um homem que tinha pouca relação automática com os outros — cuja experiência privada parecia uma versão da psicanálise, uma reunião de informações a serem avaliadas de forma mecânica, com base em teorias fixas. O próprio Freud reconhecia um problema na sua "experiência ou temperamento" que levava os outros a se manter a distância. Numa carta à sua noiva, ele confessou: "Considero uma grande infelicidade que a natureza não me tenha dado aquele algo indefinido que atrai as pessoas."

Nos seus escritos, Freud quase nunca se referiu à empatia, insistindo que o conhecimento se dava pela razão. Notavelmente, Freud aconselhava seus colegas analistas:

> Nunca será demasiado recomendar a meus colegas que durante o tratamento psicanalítico sigam o modelo do cirurgião, que põe de lado todos os seus sentimentos, até a sua simpatia humana, e concentra as forças mentais no objetivo único de executar as operações com a maior habilidade possível... A justificação para exigir essa frieza emocional no analista é que ela cria as condições mais vantajosas para ambas as partes...

Essa postura de avaliação fria talvez estivesse de acordo com a índole de Freud.

Freud era capaz de paixão. Numa viagem de volta a Freiberg, com 16 anos, ele se apaixonou por uma "menina meio ingênua, meio culta" — ela tinha 11 anos, apesar de ele pensar que fosse mais velha —, cuja mãe mais sofisticada ele particularmente admirava. Sabemos da história porque Freud escreveu uma longa carta a respeito para um companheiro, em termos que são presumidos ou encantadoramente juvenis. Por exemplo, o nome de família da menina era Fluss, que significa rio, por isso Freud a apelidou "ictiossaura". De modo geral, Freud parece menos interessado em Fluss do que na correspondência, como uma oportunidade para experimentar tropos românticos.

Eis Freud, portanto, como um jovem prestes a ingressar numa carreira. Ele é enfadonho, chato e conformista, apesar de entreter ideais de rebelião. Tem uma ligação profunda com a mãe, que o admira. As esperanças da família repousam nos ombros do menino. Essas expectativas existem nele como ambição. Ele é brilhante, bem-educado e inserido no coração de uma cultura que, apesar de toda a sua formalidade e preconceito, está agora aberta aos talentos.

III

Passos e Tropeços

No início da adolescência, Freud parecia inclinado, como profetizara o poeta itinerante, a atuar no campo do direito ou da política. Mas durante o seu último ano na escola secundária, cativado pelas teorias evolucionistas de Darwin, Freud voltou-se para as ciências biológicas. Para um menino pobre, essa escolha significava o estudo da medicina, embora Freud mais tarde lembrasse: "Nem naquela época nem tampouco mais tarde na vida, senti qualquer predileção particular pela carreira de médico."

Embora Freud mais tarde se queixasse de que o anti-semitismo dificultou o seu progresso profissional, a medicina era uma profissão aberta aos judeus. Na década de 1880, uns 60% dos médicos em Viena eram judeus, assim como metade dos estudantes na escola de medicina. Os cargos de médico do imperador e cirurgião-geral do Exército eram ocupados por judeus.

Com 17 anos, Freud se matriculou na faculdade de medicina na Universidade de Viena. Inicialmente, ele pensou numa carreira que combinasse filosofia e zoologia. A inspiração era um professor, Franz Brentano, cujo trabalho unia a teologia, a fenomenologia, a psicologia e o darwinismo. Brentano estava preocupado com a alma — acreditava que ela estava fora da consciência comum e, no entanto, proporcionava motivação — e com os efeitos perturbadores de uma consciência dividida, um estado que ele acreditava poder ser aliviado por uma revisão retrospectiva de intenções antes não examinadas.

Como muitos estudantes de medicina, Freud experimentou uma atração em série por vários ofícios, da pesquisa no laboratório à prática clínica. Em 1875, Freud foi abrigado no laboratório de Carl Claus, um eminente darwiniano. A pesquisa de Freud o enviou a Trieste, onde realizou uma tentativa em parte bem-sucedida de determinar se as enguias eram hermafroditas. A diligência de Freud — ele havia procurado testículos em 400 espécimes, dos quais quase todos se revelaram plenamente fêmeas — introduziu-o na esfera do grande fisiologista Ernst Brücke.

Brücke estava travando uma batalha ainda não vencida: colocar a medicina numa base científica. O seu positivismo se ajustava com os interesses filosóficos de Freud, ao colocar a razão à frente da superstição e a biologia no lugar da fé. Sob a orientação de Brücke, Freud estudou o sistema nervoso, do peixe ao humano, esclarecendo desenvolvimentos evolutivos. Freud chegou perto de formular a teoria dos neurônios e da comunicação neural — antes não era claro se o sistema nervoso era um sincício, com todos os seus elementos fisicamente conectados, ou uma rede de células independentes separadas por lacunas —, mas essa honra coube a outros.

Por meio do trabalho com Brücke, Freud conheceu Josef Breuer, um médico bem-sucedido e excelente fisiologista. Freud tratava Breuer, 14 anos mais velho, como um pai substituto. Breuer admirava o intelecto de Freud, tendo escrito: "Eu o contemplava assim como uma galinha contempla um falcão." Durante anos, Breuer foi o médico pessoal de Freud e lhe deu apoio emocional e financeiro. Em conversas, Breuer regalava Freud com pequenas histórias clínicas, inclusive a história de Bertha Pappenheim, a quem os dois homens mais tarde imortalizariam, sob o nome de "Anna O.", como a primeira paciente psicanalítica.

Em 1879, Freud havia se afastado para um ano de serviço militar, um tedioso dever que cumpriu enquanto cuidava de outros interesses. Por meio de seu contato com Brentano, Freud conseguiu um convite para traduzir para o alemão um volume de escritos de John Stuart Mill que incluía ensaios sobre o socialismo e a emancipação das mulheres. Freud recebeu seu diploma de médico em 1881, mas continuou a trabalhar com Brücke até que uma mudança na sua vida privada exigiu a transição para a prática clínica ativa.

Freud conheceu Martha Bernays em abril de 1882 e apaixonou-se imediatamente. Propôs casamento em dois meses. (Freud escreveria mais tarde que, embora a deliberação pudesse ajudar no caso de escolhas inconseqüentes, "em questões vitais, entretanto, como a escolha de um cônjuge ou profissão, a decisão deve vir do inconsciente".) Quatro anos se passariam antes que o par pudesse se casar.

Havia diferenças de classe social e religião. A família Bernays era ortodoxa. Os pais de Freud haviam se casado numa cerimônia protestante, e o próprio Freud, embora nunca tenha se envergonhado de ser identificado culturalmente como judeu, era ateu e desprezava até as formalidades da prática religiosa. Mas as diferenças religiosas não tinham impedido o irmão de Martha, Eli, de se casar com a irmã de Freud, Anna, em 1882. O principal obstáculo ao casamento de Freud era dinheiro. Como pesquisador novato, Freud tinha perspectivas limitadas. Martha era de Hamburgo, e sua mãe levou-a para perto de casa pouco depois do início da corte de Freud.

Quando separados, o casal se correspondia diariamente — ainda existem mil e quinhentas cartas. Nas suas, Freud era freqüentemente didático, assim como fora com as suas irmãs. Escrevendo a Martha em 1883, por exemplo, ele lhe deu a sua opinião sobre John Stuart Mill:

> No ensaio que traduzi, lembro que um argumento de monta era que uma mulher casada podia ganhar tanto quanto o marido... [Mill ignora] que os seres humanos consistem em homens e mulheres, e que essa distinção é a mais significativa que existe. Em toda a sua apresentação, nunca aparece que as mulheres são seres diferentes — não diremos inferiores, antes o contrário — dos homens...

Os aspectos reformadores da lei e da educação, argumentava Freud, sempre "sucumbiriam diante do fato de que, muito antes da idade em que o homem pode conquistar uma posição na sociedade, a natureza determinou o destino da mulher pela beleza, encanto e doçura". O papel da mulher continuaria constante: ser "na juventude uma namorada adorada e nos anos maduros uma amada esposa". Há ecos de darwinismo em toda essa estranha carta de amor, mas também visões políticas muito distantes da vanguarda.

A franqueza de Freud e suas maneiras sociais canhestras são visíveis numa carta que escreveu a uma Martha de 22 anos:

> Se você insistir numa correção rigorosa no emprego das palavras, então devo confessar que você não é bela. Mas eu não a estava lisonjeando no que disse... O que quis transmitir foi a intensidade com que a magia do seu ser se expressa na sua fisionomia e no seu corpo... Eu próprio sempre fui insensível à beleza formal. Mas se ainda restar qualquer vaidade na sua cabecinha, não lhe esconderei que algumas pessoas a declaram bela, até extraordinariamente bela. Eu não tenho opinião a esse respeito.

Para sustentar o casamento, Freud abandonou a sua pesquisa e, no final de 1882, inscreveu-se como aprendiz no Hospital Geral de Viena. Depois assumiu encargos em cirurgia e medicina interna, transferindo-se em maio de 1883 para a clínica psiquiátrica. Foi só então que saiu de casa, para viver no alojamento dos residentes do hospital. Freud era um neuropatologista talentoso, conhecido por sua capacidade de localizar uma lesão cerebral difícil de ser encontrada nas dissecações de autópsias. Apoiando-se na força de seus laços com professores influentes, Freud tornou-se, em 1885, professor e *Privatdozent*, um título de pouca monta que, entretanto, conferia vantagens a um médico que pretendia formar uma clientela particular.

Um conjunto das primeiras publicações de Freud ganhou notoriedade. Em 1884, ele se interessou pela cocaína, uma medicação que um médico militar alemão havia usado para sustentar o vigor dos soldados. Freud experimentou a medicação em si mesmo e notou sentimentos de "animação e contentamento". Tornou-se entusiasta. A apreciação de Freud sobre a cocaína era em parte pessoal. Em junho de 1884, ele escreveu a Martha:

> Vou beijá-la completamente louco e alimentá-la até você ficar rechonchuda. E se estiver disposta, verá quem é o mais forte, uma menininha que não come o suficiente ou um homem grande e forte com cocaína no corpo. Na minha última depressão grave, tomei cocaína de novo, e uma pequena dose me levou às alturas de um modo maravilhoso. Estou reunindo a literatura para uma canção de louvor a essa substância mágica.

Freud sabia que havia muitos compostos psicoativos como os opiáceos, que baixavam o nível geral de estimulação do paciente, mas uma medicação que aumentava o ânimo, a energia e o ímpeto era incomum. Freud aparentemente "reagia bem" à droga. Ele achava uma dose modesta de cocaína um tratamento eficiente para uma série de incômodos de que padecia — não só a depressão, mas também a ansiedade social e a enxaqueca. Recorreu repetidas vezes à cocaína durante um período de pelo menos dez anos, provavelmente sem se tornar viciado.

A cocaína era conhecida pelos médicos europeus e americanos havia anos, mas Freud abordou a droga como se ele fosse o descobridor. Entre 1884 e 1887, publicou seis artigos sobre a cocaína. São inteligentes, mas prejudicados por erros de julgamento.

Em parte devido à sua própria experiência, Freud relatou que a cocaína produzia "uma euforia duradoura que em nenhum aspecto difere da euforia normal da pessoa saudável", uma combinação de vitalidade e autocontrole. Ele assegurava a seus leitores que os usuários não desenvolvem desejo insaciável pela droga. Freud recomendava a cocaína para uma série de distúrbios, da asma à indigestão.

Achava que a droga poderia ser a cura para a neurastenia, uma doença mental caracterizada por apatia e depressão. Acreditava também que a cocaína podia ajudar viciados a se afastar da morfina.

Logo surgiu uma resposta aos primeiros artigos de Freud. Um médico rival expôs os fatos. A morfina cria uma sensação nítida de bem-estar, diferentemente daquela induzida pela cocaína. A euforia que os neófitos como Freud experimentam não satisfaz o desejo insaciável de morfina. Nem mesmo altas doses de cocaína, que causam alucinações, bastam para o viciado em morfina. Em lugar disso, surge um duplo vício. Outro colega acusou Freud de ter advogado "o terceiro flagelo da humanidade", depois do álcool e da morfina.

O erro de Freud parecia vir da sua fome de fama prematura. Ele correu a publicar as suas observações. Mais tarde, quando os colegas objetaram, Freud desembestou contra eles. Ele se referia ao fato de seus críticos chamarem "pateticamente" a cocaína de flagelo. Freud assegurava aos leitores que a cocaína era segura para a maioria das pessoas. Longe de se tornarem viciadas, elas desenvolveriam uma aversão pela droga. Na pior das hipóteses, a cocaína vicia apenas tanto quanto o café. Freud fazia preleções em favor do uso da cocaína até por injeção. Avaliou a preparação da droga para um fabricante comercial. Mas a luta era inútil. De vários pontos do globo, apareciam relatos na imprensa do vício da cocaína.

Freud perdeu por pouco o aplauso geral que tinha procurado. Ele estava presente quando um colega observou que uma solução de cocaína causava entorpecimento nos lábios e no nariz. Freud predisse que essa propriedade levaria a outros usos médicos, e mencionou a descoberta a um oftalmologista. Antes de investigar essa pista, Freud ausentou-se, numa rara viagem, para visitar Martha. Retornou para começar a testar os efeitos de uma solução de cocaína nos olhos de um cachorro. Mas outro médico presente à conversação original já realizara experimentos semelhantes e publicara os resultados, ganhando com isso fama internacional. A cocaína era um anestésico eficaz para a cirurgia ocular.

Freud tornou-se amargo com a perda da prioridade. Ele escrevera a Martha: "Não precisamos mais do que um golpe de sorte desse tipo para pensar em montar um lar." Em vez disso, o seu noivado lhe custara a glória eterna. Muitos anos mais tarde, ele escreveria: "Não guardo nenhum ressentimento contra a minha noiva por ter interrompido meu trabalho" — uma declaração "freudiana" que parece encerrar o seu oposto.

O entusiasmo mais amplo de Freud pela cocaína se revelaria caro. Freud fornecera a droga a um amigo, Ernst von Fleischl-Marxow, para tratar o seu vício de morfina. Fleischl e Freud trabalhavam juntos no laboratório de Brücke. Os dois jovens costumavam ficar até tarde da noite discutindo o significado da vida. Fleischl era bonito e rico — ajudava Freud com doações de dinheiro —, e Freud tinha por ele uma paixão de adolescente. Freud escreveu a Martha: "Eu o amo não tanto como um ser humano, mas como uma das realizações preciosas da Criação."

Fleischl sofria de uma dor nervosa crônica, resultado de uma infecção. Ele tomava cocaína por meio de uma agulha hipodérmica, chegando às altas doses que causam alucinações. Os sustentáculos de Freud na escola médica

— Brücke e Breuer — testemunharam essas crises. Quando Fleischl morreu cinco anos mais tarde, Freud acreditava que o vício da cocaína contribuíra para esse desfecho.

Freud se eximiu de qualquer responsabilidade afirmando que nunca advogara injeções da droga. De fato, Freud havia publicado um artigo relatando que "o Prof. Dr. E. v. Fleischl, em Viena, [...] determinou que a cocaína, por injeção hipodérmica, mostrou ser um auxílio inestimável contra o uso contínuo da morfina, inclusive contra uma única dose fatal. Somente esse fato deveria dar ao remédio um lugar duradouro entre os tesouros do médico".

O episódio da cocaína foi um desvio de menor importância para Freud, mas o seu padrão prenunciava dificuldades futuras. As necessidades pessoais de Freud impulsionavam a sua investigação, e ele passou rapidamente a generalizar a partir de sua própria psicologia. As afirmações de benefício para outros que Freud citava provaram não ser confiáveis. Apesar da sua revisão da literatura passada, Freud assumiu uma atitude de proprietário, reivindicando implicitamente a descoberta de um campo da terapêutica. Embora tivesse começado propondo tratamentos de doenças específicas, Freud logo sugeriu que a intervenção era útil para uma ampla esfera de distúrbios nervosos. Passou a afirmar benefícios para as pessoas normais. Quando apareceram objeções legítimas às suas conclusões, Freud se tornou combativo. Diante de um resultado infeliz, armou uma defesa baseada em reescrever a história. Em vez de sentir vergonha, Freud considerava-se atacado.

Como acontece também com a sua obra subseqüente, os artigos de Freud sobre a cocaína eram visionários. Descrevem várias características da droga com acuidade. As aplicações que Freud reivindica para a cocaína coincidem substancialmente com os usos que foram encontrados para várias classes de antidepressivos com o passar do tempo. Ele parecia compreender como os transtornos de humor eram provavelmente organizados no cérebro. Com base nos artigos sobre a cocaína, Freud tem sido chamado um dos fundadores da moderna psicofarmacologia.

Felizmente, Freud não havia posto em jogo todo o seu futuro na pesquisa sobre os efeitos da cocaína. Ele tinha aspirações como neuroanatomista, pensando em especializar-se em distúrbios de bebês e crianças. Em 1885, ganhou uma bolsa de estudos que lhe permitiu passar cinco meses realizando estudos sobre o cérebro na clínica de Jean-Martin Charcot, em Paris. Charcot era então o que Freud se tornaria: uma celebridade conhecida por suas descobertas sobre as doenças da mente e do cérebro. As instalações de Charcot se mostraram inadequadas para a pesquisa que Freud havia esperado realizar. Mas Freud logo ficou absorvido pelo assunto do qual Charcot tinha muito conhecimento: a histeria.

A histeria foi um ponto de partida infeliz para uma pesquisa em psicopatologia. O termo se referia primeiro a pacientes que demonstravam sintomas neurológicos como ataques epilépticos ou paralisia de um membro, sem ter a lesão subjacente no cérebro ou nos nervos que explicasse a disfunção. Mas os sintomas de humor, como ansiedade ou depressão, e anomalias de pensamento, como as alucinações, também poderiam ser computados como manifestações da histeria, de modo que a categoria era impossivelmente ampla. Nas mulheres em particular, quase toda e qualquer perturbação mental ou física não explicada que tivesse uma tendência histriônica era o bastante para fazer o diagnóstico.

De nossa perspectiva, as histerias do século XIX tinham males presentes em muitas categorias de doença: transtornos de humor, como a depressão e a depressão maníaca; transtornos de personalidade, como os estados limítrofes; estados pós-traumáticos; psicoses; e reações dramáticas a pressões sociais que hoje não seriam compreendidas como doença mental. O transtorno central, envolvendo sintomas neurológicos inexplicáveis na ausência de outra doença mental, é encontrado ainda hoje em dia, mas é bem menos polimorfo que o estado estudado por Charcot, e é raro. Em retrospectiva, não havia nenhuma possibilidade de Charcot, ou Freud depois dele, resolver o mistério da histeria pela descoberta de uma única causa.

No seu apogeu, Charcot fora uma figura extraordinária. Ele havia estudado doenças dos rins e dos pulmões, e passou a chefiar parte do Hospital Salpêtrière, com instalações do tamanho de uma vila que servia como asilo para mulheres pobres em Paris. Charcot transformou o Salpêtrière num centro de pesquisa e ensino. Concentrando-se em neurologia, identificou várias doenças novas, inclusive a esclerose lateral amiotrófica, ou ELA. Charcot tornou-se parte da glória da França, junto com Louis Pasteur.

Os médicos haviam debatido por muito tempo se a histeria tinha uma base física ou psicológica. Durante milênios, a histeria — a palavra deriva dos termos gregos para o útero e as páreas — fora compreendida como uma doença de mulheres, causada por problemas no útero. No século XVI, algumas autoridades localizaram a doença no cérebro e disseram que a histeria podia atingir os homens.

Mesmo depois que o útero foi retirado do quadro, pulsões sexuais frustradas eram compreendidas como a raiz do transtorno.

Na década de 1850, o clínico francês Paul Briquet colocou o estudo da histeria numa base científica, investigando 430 casos. Concluiu que a histeria era uma doença do cérebro que afetava as paixões, mas que não era devida à repressão sexual. (Era mais comum em prostitutas que em freiras.) Ele acreditava que a vulnerabilidade à histeria era hereditária, mas que fatores de estresse como pesar, conflitos familiares e complicações amorosas estavam também implicados, bem como fatores sociais como a pobreza e a vida rural. Os homens figuravam em 4% ou 5% dos casos de histeria. Foram essas observações ponderadas — na sua forma, semelhantes às opiniões atuais sobre a causa da doença mental — que Charcot começou a suplementar.

A escolha era perigosa. O estudo da histeria envolvia médicos masculinos a cuidar de mulheres dramáticas, cujos sintomas flutuavam loucamente. Era um campo em que florescia o charlatanismo. Pior, Charcot ligou a histeria com a hipnose, uma intervenção suspeita. Mas, por algum tempo, o prestígio de Charcot imprimiu um selo de legitimidade em ambos os assuntos.

Charcot foi capaz de demonstrar que os sintomas histéricos podiam ser reproduzidos sob hipnose, e que ele sabia usar a hipnose para eliminar os sintomas. Nas suas explicações, Charcot fazia referência a camadas da mente. Ele acreditava que os sintomas histéricos surgiam de idéias implantadas que se mantinham a uma certa distância do pensamento consciente. Como Briquet, Charcot argumentava que a histeria não era exclusivamente uma doença de mulheres e que podia ser desencadeada por diferentes tipos de fatores de estresse. Era evidente que o trauma manifesto, como o terror de sofrer um acidente ferroviário, uma colisão de trens, podia causar paralisias (chamadas "railway spine") que não seguiam os caminhos conhecidos dos neurologistas. A histeria, como Charcot a compreendia, tinha também como fundamento uma patologia neurológica hereditária que piorava ao longo das gerações.

Quanto ao papel dos problemas sexuais, Charcot era menos claro nos seus escritos. Mas, num jantar em 1886, Freud escutou Charcot argumentar que o distúrbio nervoso de uma jovem era invariavelmente devido à inadequação sexual de seu marido. "Em casos semelhantes, é sempre '*la chose genitale, toujours... toujours... toujours*'."

Chegando a essas conclusões, Charcot pôs o seu carimbo em crenças que haviam sido ora descartadas, ora amplamente sustentadas durante décadas. Naqueles pontos em que Charcot era mais original, ele estava freqüentemente errado. Charcot havia posto em jogo a sua reputação na afirmação de que a histeria podia ser compreendida como uma entidade estreitamente definida, caracterizada por uma progressão consistente, através de uma sucessão de estágios, que se assemelhavam a um transe hipnótico cada vez mais profundo.

Toda terça-feira Charcot dava uma palestra de improviso sobre neurologia, inspirada por um novo paciente cujo diagnóstico era feito na hora. As sextas-feiras eram dedicadas a palestras formais, ilustradas por um material de caso real. Ambas as conferências tinham um público amplo; às vezes incluíam apresentações dramáticas da sugestibilidade de mulheres atraentes propensas à histeria. As demonstrações e as teorias acarretaram acusações de charlatanismo que, se não totalmente verdadeiras, ainda tinham uma base em fatos.

Com efeito, Charcot foi vítima de sua própria preeminência. Os seus assistentes haviam adquirido o hábito de treinar os pacientes para que exibissem os sintomas de acordo com as regras de Charcot. Como a histeria maior apresentava um possível acesso ao renome, e como as pacientes histéricas viviam juntas em alas especiais, as mulheres aprendiam a imitar os comportamentos extravagantes umas das outras. Sob a liderança de Charcot, a proporção de histéricas no Salpêtrière subiu de 1% para 15% ou 20%.

A paciente mais célebre de Charcot foi Blanche Wittmann, "*la reine des hysteriques*". Ela é o tema de uma pintura bem conhecida (Freud tinha no seu consultório uma litografia desse quadro) que a mostra arqueada para trás num transe, o ombro e o decote revelados por uma blusa atraente, enquanto Charcot, de pé a seu lado, instrui seus estudantes sobre os estágios da histeria.

Infelizmente para Charcot, Wittmann veio a ser tratada pelo irmão do antigo estudante de Charcot, Pierre Janet. Nesse tratamento, Wittmann revelou uma segunda personalidade mais comum. Segundo Wittmann, esse eu convencional estivera presente mesmo quando o histriônico marchava com os passos indicados por Charcot. Wittmann retornou ao Salpêtrière, trabalhou num laboratório de radiologia e tornou-se uma das primeiras vítimas de câncer induzido por radiação, um sofrimento que ela suportou sem nenhum sinal de histeria. Logo depois da sua morte, em 1893, Charcot foi ridicularizado como um Napoleão a iludir a si próprio, responsável por uma epidemia de doença inspirada pelo médico. Na verdade, Blanche Wittmann havia repetido os seus transes no teatro, numa sátira popular encenada. Não é de admirar, portanto, que alguns dos contemporâneos de Freud compreendessem a histeria como sendo, de fato, um distúrbio da relação médico-paciente.

Freud chegou ao Salpêtrière em 1885, quando Charcot estava no auge de sua influência. Freud sempre fora propenso a adotar figuras paternas, Brücke e Breuer entre elas. Charcot foi a terceira. (Freud daria a uma filha o nome de Mathilde, em homenagem à esposa de Breuer; a um filho, o nome de Jean Martin, em homenagem a Charcot; e a um outro filho, o nome de Ernst, em homenagem a Brücke.) Freud assistia às sessões bissemanais. Testemunhou o sucesso de Charcot com uma paciente paralítica que jogou fora as muletas. Freud também viu um homem histérico, cujos sintomas foram provocados por uma queda do cadafalso. Freud escreveu a Martha: "Depois de algumas palestras, saí caminhando de Notre Dame com uma nova percepção da perfeição."

Freud conquistou a estima de Charcot, oferecendo-se para traduzir algumas de suas palestras para o alemão. Charcot convidou Freud para festas em sua casa. (Nessas ocasiões, Freud sufocava a sua ansiedade social e combatia o seu tédio com a cocaína.) O contato com Charcot, escreveu Freud, fazia com que a sua própria pesquisa neurológica detalhada parecesse trivial. Ele retornou a Viena para formar uma clientela particular, tendo em mente a abordagem dos pacientes praticada por Charcot. Como fizera com a cocaína, Freud via a compreensão francesa da histeria como um caminho rápido para o sucesso em Viena. Nesta crença, ele estava novamente errado.

Em outubro de 1886, Freud deu uma palestra sobre histeria masculina para a Sociedade Vienense dos Médicos. O modo como Freud relatou mais tarde a reação do público o colocava sob uma luz heróica. Ele expressou novas visões e foi ridicularizado. Desafiado a encontrar um histérico masculino, Freud concordou — e foi então impedido de entrevistar possíveis candidatos nas alas do hospital. Quando conseguiu a tempo localizar e apresentar esse paciente, Freud foi aplaudido pelo público — mas ainda confrontado com ceticismo. Ele orgulhosamente se retirou da vida acadêmica, abandonando a convenção para buscar o conhecimento.

A versão autobiográfica dos acontecimentos se revela quase inteiramente falsa. Os historiadores localizaram seis relatos contemporâneos da reação do público à palestra de Freud. O primeiro membro do público a tecer comentários lembrou a seus colegas que havia publicado observações sobre dois homens histéricos 16 anos antes. O chefe da clínica do hospital então indicou que publicara havia apenas um mês um relatório semelhante — e convidou Freud a visitar sua clínica e estudar qualquer material que pudesse ser de interesse.

O presidente do encontro disse: "Apesar de minha grande admiração por Charcot e de meu alto interesse pelo tema, fui incapaz de descobrir qualquer coisa de novo no relato do dr. Freud, porque tudo o que foi dito já se conhecia há muito tempo." O professor que fornecera a Freud uma carta de apresentação a Charcot havia descrito a histeria masculina vinte anos antes. Um médico presente escreveu em suas memórias que os médicos mais velhos no público não gostaram de Freud admirar Charcot por opiniões que eles próprios haviam advogado.

Mais uma vez, Freud fracassou por não estar familiarizado com observações que eram bem conhecidas de seus colegas. Dessa vez, ele não se desgraçou por ter defendido opiniões chocantes, mas por ter reivindicado originalidade para descobertas que outros haviam trabalhado duro para estabelecer. Esse tropeço deve ter sido humilhante para "um neurologista sem pacientes", como um contemporâneo caracterizava Freud.

IV

O Problema da Psicologia

Freud havia aberto o seu consultório em abril de 1886 e casou-se com Martha em setembro. As satisfações românticas e sexuais diminuíram rapidamente para Freud, mas o casamento se revelou um arranjo doméstico satisfatório. Os Freud tiveram o seu primeiro filho depois de 13 meses de vida conjunta, e mais tarde cinco filhos em oito anos. Martha cuidava do lar e protegia o marido contra interrupções em suas longas horas de trabalho. Freud havia temido cuidar de pacientes, considerando a labuta enfadonha. Nos primeiros anos, foi uma fonte de inspiração.

Embora Freud continuasse a trabalhar na neurologia então corrente — o seu respeitado livro sobre as afasias foi publicado em 1891 —, a sua prática clínica era cada vez mais dedicada à doença mental. Freud diagnosticava a maior parte de seus pacientes com rótulos como *histeria*, *neurastenia* e *neurose*, categorias insuficientemente demarcadas, que cobriam uma ampla gama de gravidade de danos. Freud tratava os pacientes com exercício muscular, hidroterapia e eletroterapia. Ele também empregava hipnose, colocando os pacientes num transe e dizendo-lhes que seus sintomas desapareceriam. Nas mãos de Freud, essas intervenções não eram especialmente eficazes. Ele mais tarde escreveu cinicamente: "Se alguém quisesse ganhar a vida com o tratamento de doenças nervosas, tinha de fazer alguma coisa por elas."

Ainda concentrado no golpe ousado que faria o seu nome, Freud pôs as suas esperanças numa colaboração com Breuer, um clínico cuidadoso que havia alcançado algum sucesso com o seu tratamento para a histeria. Em 1880, Breuer fora consultado por Bertha Pappenheim, então com 21 anos e amiga de Martha Bernays. Pappenheim — no seu relato do caso, Breuer lhe daria o pseudônimo "Anna O." — era uma jovem imaginativa que se sentira constrangida pelas exigências de sua educação numa família de judeus ortodoxos ricos. Ela era próxima do pai e sucumbiu à histeria quando dele cuidou durante uma doença fatal. Seus sintomas começaram com uma tosse e passaram a paralisias, anestesias, oscilações de humor, alucinações e uma alteração de personalidade. Logo estava presa ao leito. Breuer a atendia todas as noites, quando ela entrava num transe hipnótico e contava histórias fantasiosas. Essas discussões traziam algum alívio. Pappenheim chamava o método de "talking cure".

O passo decisivo foi dado quando Pappenheim discutiu um sintoma particular: dificuldade de beber. Ela se lembrou de ter visto uma mulher deixar o cachorro beber de seu copo. Nomear a fonte da aversão fez com que o sintoma desaparecesse. Breuer tomou a deixa de Pappenheim e mandou que ela explorasse lembranças relacionadas aos sintomas, um processo a que ela dava o nome de "chimney-sweeping".

O método de Breuer não era original. Na década de 1850, um médico holandês, Andries Hoek, havia tratado uma jovem com "hipnoterapia reveladora", na qual ele proporcionava alívio deixando a moça falar sobre antigas experiências traumáticas, inclusive abuso sexual, que a tornaram sensível às tensões da vida adulta. Mais perto de casa, o colega vienense mais velho que recomendara Freud a Charcot, Moritz Benedikt, andara tratando histéricas sem hipnose, usando um método que envolvia recordações e narrativa. Benedikt acreditava que a histeria provinha dos efeitos psicológicos de idéias e lembranças sexuais vergonhosas. Ele a atacava encorajando as pacientes a revelar a sua "segunda vida" — isto é, as fantasias — e "os segredos patogênicos".

Esse método foi levado além do consultório. Na Viena da década de 1880, a "catarse" estava no ar. O tio de Martha Bernays, o filólogo Jakob Bernays, havia proposto que, para os espectadores no teatro, o momento revelador da tragédia tinha o poder de libertar os sofredores da influência nociva da emoção excessiva. Pappenheim e Breuer parecem ter levado essa noção a sério.

Breuer era um homem extremamente paciente ou altamente interessado. Cada sessão com Pappenheim durava horas. Às vezes, investigava um sintoma numa centena de ocorrências passadas antes que surgisse uma de suas raízes. Depois de semanas dessa colaboração vigorosa, cada uma das queixas de Pappenheim havia desaparecido.

Em 1882 e 1883, Breuer discutiu o caso com Freud, que por sua vez tentou discuti-lo com Charcot. A observação de Breuer era que, ao menos para Pappenheim, os sintomas histéricos podiam ser curados por meio da discussão das lembranças. Mas, por alguns anos, Breuer não publicou o seu caso. Freud escreveu mais tarde que a razão para essa atitude foi o que aconteceu em seguida. Na noite da sua cura, Pappenheim sentiu cãibras abdominais e disse: "Agora vai chegar o filho do dr. B." Pappenheim estava tendo uma gravidez histérica.

Se esse episódio realmente ocorreu, é incerto. Breuer não o anotou. Freud o mencionou pela primeira vez muitos anos mais tarde, quando era conveniente para ele atacar Breuer e sustentar a sua própria teoria subseqüente sobre as origens sexuais da histeria. O que se sabe é que Breuer recomendou Pappenheim a um sanatório suíço. A uma certa distância de Breuer, Pappenheim melhorou, mas ela sofreu por mais seis anos e foi hospitalizada ao menos três outras vezes. Uma explicação razoável para a relutância de Breuer em publicar é que a recaída e a doença prolongada de Pappenheim eram evidentes para os membros da comunidade judaica vienense.

Recentemente, os diagnosticadores têm especulado que, na época em que se tratava com Breuer, Pappenheim estava no meio de uma reação de dor patológica, no contexto de uma propensão latente à depressão maníaca. Qualquer que fosse a sua doença, ela acabou esmorecendo, e Pappenheim passou a uma ilustre carreira de ativista social em nome das mulheres, das crianças, dos pobres e dos judeus.

Em retrospectiva, Pappenheim tem em si algo de Blanche Wittmann, a mulher talentosa capaz de representar para o seu médico. Em certo momento, Pappenheim tentou indicar que ela havia fingido certos sintomas. Para Pappenheim, a recompensa não era a notoriedade, mas a intimidade com uma figura bondosa e a fuga de um ambiente social embrutecedor.

Martha Bernays supunha que a relação girava em torno do encanto sexual de Pappenheim. Era "curioso", escreveu Martha, "que nenhum outro homem a não ser o seu médico do momento conseguisse chegar perto da pobre Bertha", uma vez que desde a mais tenra idade ela possuía o poder "de virar a cabeça do mais sensato dos homens". Como Scherezade, com quem Breuer a comparava, Pappenheim assegurava a presença noturna de seu público por meio de sua recuperação sintoma por sintoma. O filósofo Jonathan Lear, em tudo um defensor de Freud, caracterizou as melhoras diárias como "presentes" de Pappenheim a Breuer. Lear acrescenta que a sua "cura" pode ter sido "o maior sintoma histérico de todos". Discutivelmente, a melhora progressiva, ainda que temporária, não tinha nenhuma relação com o modo de tratamento, investigar os sintomas até chegar à sua raiz.

Embora Breuer e Freud enfatizassem o papel da cura pela fala, a recuperação de Pappenheim foi complicada. Breuer havia administrado os medicamentos hidrato de cloral e morfina, nos quais Pappenheim se tornou viciada. (Talvez o recente fiasco de Freud com a cocaína tivesse tornado impossível a menção desse fato.) Pappenheim havia reagido melhor a um "tratamento moral", melhorando ao assumir a responsabilidade por um cachorro e por outros pacientes doentes. A ela foram prescritos exercícios e banhos. Nesse redemoinho de intervenções, remissões e recaídas, não parecia haver nenhuma base para tirar conclusões de qualquer tipo. O antigo relatório de Breuer sobre o caso faz a afirmação modesta de que falar sobre as fantasias a ele associadas enfraquece um sintoma.

Na década de 1880, muitos médicos estavam escrevendo refletidamente sobre a histeria. Em particular, o estudante de Charcot, Pierre Janet, delineava uma abordagem abrangente das causas e do tratamento. Ele via alguns sintomas como provenientes do ambiente social, com os pacientes adotando posturas caracterizadas em romances românticos. Outros sintomas poderiam estar relacionados a lembranças traumáticas recentes, tais como infidelidades sexuais; a tendências herdadas, como a sugestibilidade; a doenças físicas passadas, como doenças infecciosas; e a perdas precoces e abusos. Certos sintomas pareciam apontar simbolicamente para a sua causa — como no caso da mulher que havia sentido uma satisfação culpada quando o caixão do pai foi equivocadamente ornado com drapejamentos vermelhos, tornando-se fóbica em relação à cor. Janet considerava que a histeria constituía uma divisão da consciência que surgia em reação a choques psíquicos.

Várias intervenções pareciam auxiliar, inclusive uma exploração dos sintomas na ordem inversa de sua aparição e uma discussão prática, muito semelhante à teoria cognitiva de nossos dias, sobre a relação das crenças fixas com as realidades da vida diária. Janet chamava essa abordagem de "análise psicológica". E o processo tampouco era original para ele. A análise psicológica era uma integração dos métodos médicos da época.

Janet sabia da tendência dos histéricos a tentar agradar os seus médicos, e assim tomava precauções para evitar "guiar a testemunha". Ele também reconhecia que os pacientes nem sempre eram respeitosos, mas poderiam ser ciumentos, amorosos, rebeldes ou excessivamente dependentes. Ele via a relação entre médico e paciente como uma ferramenta crítica.

Um século mais tarde, não temos uma explicação sólida dos sintomas da histeria ou de fenômenos a ela relacionados, como o distúrbio de múltiplas personalidades e os transtornos de humor. Mas as descobertas atuais, derivadas do emprego das ferramentas estatísticas da genética comportamental, correspondem ao que Janet supunha. Dentro dos limites do que podia ser descoberto usando apenas observação e entrevistas com os pacientes, os médicos do final do século XIX conheciam o que podia ser conhecido sobre a histeria. Breuer compreendia o seu próprio trabalho como uma contribuição incremental dentro de uma tradição vigorosa de pesquisa.

No final da década de 1880, Freud adotou a abordagem de chimney-sweeping de Breuer para a histeria. No início da década de 1890, os dois começaram a escrever relatórios conjuntos sobre os seus resultados. Somente quando Freud se envolveu com o trabalho é que as conclusões de Breuer se tornam mais determinadas: "[N]ós descobrimos, a princípio para nossa grande surpresa, que *cada sintoma histérico individual desaparecia de modo imediato e permanente quando conseguíamos trazer claramente à luz a lembrança do acontecimento pelo qual fora provocado, e suscitar o afeto que o acompanhava...*" Essa afirmação justificava o "método catártico". Passando da cura para a causa, os dois médicos chegaram a seu famoso resumo final: "Os histéricos sofrem principalmente das suas reminiscências." Além disso, eles concluíram que os sintomas são uma forma de contar histórias. A forma que assumem contém dicas sobre a sua origem.

Em 1895, Freud e Breuer colaboraram na publicação de *Estudos sobre a Histeria*, um relato de suas teorias sobre a causa e a cura da doença. O livro era construído em torno de um punhado de histórias de caso. Uma vinheta ilustrativa envolve uma governanta de 30 anos, "srta. Lucy R.", de quem Freud tratou como um caso leve de histeria. Enquanto a serviço de um viúvo, a jovem desenvolveu sintomas. O seu estado de ânimo estava incomumente quieto, e ela sentia odores estranhos, de pudim queimado e fumaça de charuto.

Freud pôs de lado a hipnose e pressionou a mão sobre a testa de sua paciente como um modo de suscitar suas memórias. (Logo abandonou esse método, preferindo que a paciente deitasse quieta e relatasse seus pensamentos.) Fez então com que a srta. Lucy R. recordasse incidentes que explicavam os aromas alucinatórios.

Mas, na prática, o caso flui a partir do pronunciamento dramático de Freud no meio do tratamento: "Acredito que você está realmente apaixonada pelo seu patrão, o diretor, embora talvez sem ter consciência disso, e que nutre uma esperança secreta de tomar o lugar [da esposa falecida] na realidade." Com o seu desejo revelado, a governanta foi capaz de ligar um acontecimento em que charutos eram fumados com uma ocasião em que o diretor a repreendeu violentamente por permitir que as crianças aos seus cuidados fossem beijadas nos lábios por um visitante. Com a sua situação esclarecida — para o diretor, ela não era um projeto de casamento —, a srta. Lucy R. renunciou a suas esperanças nada razoáveis e retornou a seu costumeiro estado alegre, embora o seu funcionamento nasal tenha continuado danificado.

Freud é um contador de histórias inspirado. O relato do caso talvez lembre aos leitores um conto de Sherlock Holmes ou um capítulo de *Jane Eyre*. Mas, em Conan Doyle ou em Brontë, a atração que os patrões exercem sobre as governantas é lugar-comum, como também é nos manuais de administração de casas da época, que incluem conselho aos patrões sobre como minimizar essas complicações. Distanciando-se da narrativa, o leitor pode se surpreender de que Freud leve algum tempo para compreender o que está perturbando a sua paciente. A chave para o caso parece ser conciliar uma jovem apaixonada com as suas circunstâncias, sem dar importância para a investigação de sintomas característicos até a sua origem. Tampouco fica claro que o distúrbio olfativo, que desempenha um papel dramático no trabalho de detetive, tenha sido realmente resolvido.

Podemos querer complicar esse relato de certa maneira. Talvez tivesse sido humilhante para a srta. Lucy R. encontrar alívio imediato ao ser confrontada com a difícil verdade: que ela amava um homem acima de sua posição social, um homem que era, além do mais, cruel e agudamente consciente das distinções sociais. Por uma questão de cortesia, Freud talvez tivesse sentido a necessidade de se envolver num ritual com a paciente, um ritual que permitisse à srta. Lucy passar da posição de vítima para a de conquistadora. Ao suscitar mais uma história a respeito dos cheiros da casa, Freud partilhou com a paciente o manto do bravo explorador. Ao estender os métodos de Breuer, Janet, Benedikt e outros, Freud estava desenvolvendo um modo socialmente aceitável de os médicos passarem algum tempo com os pacientes, envolvendo-se com suas situações difíceis.

Freud seria mais tarde celebrado como o descobridor do inconsciente. Mas, no final do século XIX, o inconsciente era um tópico central para os estudiosos da mente. Um contemporâneo de Freud o denominava "menos *um* problema psicológico do que *o* problema da psicologia". Ao longo da elaboração de uma filosofia em que a irracionalidade e as pulsões sexuais do homem desempenham papéis centrais, Arthur Schopenhauer, na década de 1850, havia associado o conflito inconsciente à doença mental. Schopenhauer havia observado: "A oposição da Vontade a deixar que o repulsivo chegue ao conhecimento do intelecto é o ponto pelo qual a insanidade pode irromper no espírito." Da mesma forma, a noção de que as doenças mentais falam por meio de símbolos traduzíveis tem raízes na psicologia da década de 1850. Na metade de século subseqüente, livros com títulos como *A Filosofia do Inconsciente* e *O Duplo Ego* eram populares. Em 1889, uma revista científica de grande importância concluía que a existência de um inconsciente fora bem estabelecida. Segundo a monografia, a saúde era caracterizada por um acordo entre as camadas da mente, a doença pelo conflito e a doença grave por um domínio do inconsciente. Nos salões intelectuais, o inconsciente era um tópico obsessivo.

Breuer apresenta as teorias, formuladas por ele e por Freud, observando: "Já não parece necessário argumentar em favor da existência de idéias correntes que são inconscientes ou subconscientes. Estão entre os fatos mais comuns da vida diária. Se eu me esqueci de fazer uma das minhas visitas médicas, sinto uma inquietação viva." A ansiedade é um sinal de que, em algum nível, Breuer sabe afinal da obrigação.

Mas Breuer e Freud fazem afirmações especiais sobre o conteúdo do inconsciente. Argumentam que idéias complicadas podem permanecer inadmissíveis ao pensamento comum e que essas idéias proibidas dão origem a efeitos específicos. É essa conexão que distingue os relatos de Breuer e Freud. Eles querem compreender o inconsciente como inteligente, mordaz e criativo — uma parte da mente que fala por meio de enigmas inteligentes.

É por isso que, no caso da srta. Lucy R., Freud concentrou-se nos cheiros do fumo de charuto e pudim queimado. A existência de um inconsciente emocional — algo que possa abater o espírito de uma moça romântica quando repreendida pelo seu patrão — era um fato comum da vida. Freud precisava demonstrar que os sintomas simbolizam idéias inaceitáveis que permanecem afastadas da consciência. Ao investigar os cheiros alucinados até sua origem em determinadas cenas, Freud esperava descrever a transformação do pensamento em sintoma e assim definir o funcionamento específico da mente inconsciente.

Talvez valha a pena um desvio para dizer uma palavra sobre o destino do inconsciente depois de Freud. O desafio mais comentado ao texto de Freud ocorreu no contexto do debate da "memória reconstruída" nas décadas de 1980 e 1990. Ao longo dessa controvérsia, os psicólogos experimentais questionaram a idéia de que os eventos traumáticos são reprimidos. As lembranças complexas e emocionais tendem a ser conscientes, mesmo quando os eventos subjacentes são experimentados como vergonhosos.

Mas as objeções têm sido muito mais gerais. Os psicanalistas recuaram da afirmação de que o inconsciente é algo como um segundo cérebro completo, um cérebro que forma condensações espantosas de idéias conflitantes. Na década de 1940, Harry Stack Sullivan, um influente analista americano, referia-se à "desatenção seletiva" como um mecanismo psicológico. Freqüentemente o que emerge na terapia são pensamentos inconvenientes (como o fato de

Lucy R. perceber a rigidez social de seu patrão) que foram registrados, mas depois postos de lado. As relações de objeto, uma teoria analítica elaborada na década de 1970, sustenta que o inconsciente contém modelos de relações emocionalmente marcantes. Se o pai de uma mulher prejudicava a vida da filha, um patrão exigente pode suscitar nela velhos sentimentos que misturam conforto e medo. Muito recentemente, os pesquisadores identificaram um componente avaliador na mente inconsciente. Sem estarmos conscientes do fato, avaliamos se uma situação é ameaçadora. O "aprendizado afetivo" resultante corresponde à espécie de experiência que Breuer menciona em conexão com a visita médica esquecida — um sinal de ansiedade que nos avisa de uma tarefa não percebida.

Essas visões da mente, em que a consciência atenta seletivamente para a informação e o inconsciente estabelece o tom emocional, correspondem à psicologia que Breuer dizia ser indiscutível na década de 1890. Há no presente pouca sustentação científica ou clínica para a afirmação adicional de que o inconsciente fala por meio de sintomas que contêm um conteúdo narrativo complexo.

Mas a contribuição clara de Freud, na década de 1890, foi a ampliação do princípio, apresentado em forma mais simples por outros, de que os sintomas revelam indícios de pensamentos e sentimentos expulsos da consciência. Para Freud, os sintomas eram símbolos. A relação de causa e efeito talvez não fosse estritamente imitativa (os odores causando odores imaginados), mas abstrata. Freud apresentou essa idéia ao discutir uma paciente que ele chamaria sua mestra, "Frau Cäcelie M.".

Frau M. era a baronesa Anna von Lieben, uma nobre casada com um banqueiro judeu e uma das mulheres mais ricas da Europa. (Para dar uma noção da proximidade dos círculos em que Freud operava: a irmã do banqueiro era casada com o professor de Freud, Brentano; Breuer era o médico da família Von Lieben; e Charcot também tratara Anna.) Von Lieben sofria de ataques de ausência, sentimentos de depreciação, dores erráticas e perda de memória. Para Freud, a inteligência de von Lieben, o seu talento de poeta e a sua linhagem depunham contra o fato de a histeria ser, como Charcot às vezes propusera, uma doença hereditária baseada na degradação progressiva das funções mentais ao longo das gerações.

Mas a genética pode muito bem ter influenciado o estado de Von Lieben. Ela era uma produtora vigorosa de sintomas, os quais descrevia em longos discursos. Ela contratou um jogador de xadrez para passar a noite ao lado do seu quarto de dormir, porque tinha insônia com freqüência e poderia se ver necessitada de um jogo tarde da noite. Como no caso de Pappenheim, ao examinar as informações disponíveis sobre Von Lieben, um diagnosticador moderno poderia se perguntar se um transtorno bipolar afetivo, uma doença com alto grau de hereditariedade, não desempenhava um papel na doença mental crônica.

Freud trabalhou com Von Lieben duas vezes por dia por três anos. Ele começou com hipnose, mas aparentemente passou a uma forma primitiva do método da "associação livre", em que a paciente é instruída a dizer a próxima coisa que lhe vem à mente, sem censurar os seus pensamentos. A forma física da psicanálise, o médico sentado junto à cabeceira de um divã em que o paciente se reclina, talvez deva algo à preferência de Von Lieben pela chaise longue. Segundo o relato de Freud, Von Lieben ajudava a dirigir a terapia, apontando o significado em sintomas que então se resolviam, só para serem substituídos por outros.

A terapia produzia resultados limitados. Os membros da família expressavam ceticismo sobre o envolvimento intenso do médico, ainda sem reputação estabelecida, com a sua paciente. O tio de Von Lieben escreveu à sua esposa (também paciente de Freud): "Somente, e sempre somente, confissões no ouvido e hipnose — disso não temos visto nenhuma maravilha..." Numa carta que data provavelmente de um ano depois do término do tratamento de Freud, um amigo resumiu os altos e baixos do estado de Von Lieben: "No geral um quadro deprimente, e sou acometido por uma profunda melancolia quando a vejo nesse estado, deitada na minha frente coberta de mantas xadrezes [isto é, cobertores] na chaise longue." Como a de Pappenheim, a análise de Von Lieben foi complicada por um vício de morfina. Ela passou a se tratar com outro médico.

Mais uma vez, esse tratamento não oferece um campo claro para a pesquisa. Centenas de tópicos devem ter sido discutidos, enquanto os sintomas aumentavam e diminuíam. O que Freud acreditava ter aprendido com Von Lieben é que a simbolização governa a conexão entre o sintoma e a causa. Ele ligou a sensação de um punhal entrando na testa à lembrança de um olhar "penetrante" de um parente censurador. Uma dor no calcanhar estava relacionada a preocupações quanto a estar "numa posição correta" com estranhos. Freud não atribuía essas associações à inclinação artística de Von Lieben. Ao contrário, concluiu que tais conexões surgiam da expressão natural das emoções, segundo linhas sugeridas por Darwin. Por exemplo, "engolir alguma coisa", uma expressão que se refere a reprimir a reação a um insulto, surge das "sensações inervadas" da faringe. Não é, portanto, nenhuma coincidência que a histeria recorra a figuras retóricas. Assim, Freud concluiu, mesmo quando as causas concretas de sintomas (odores reais de charutos) não podem ser encontradas, as metafóricas podem ser alegadas.

Olhando em retrospectiva, é difícil saber o que fazer dessa discussão. Os nossos pacientes não são os pacientes de Freud. Ainda reconhecemos certos sintomas que trazem a marca de sua causa. Um soldado que foi baleado ao dirigir um carro numa zona de batalha pode se assustar em reação a barulhos repentinos quando numa estrada a caminho de casa. Mas essa correspondência é direta, não distorcida por uma intenção mental de reprimir pensamentos vergonhosos. E a maioria dos sintomas da doença mental não tem um conteúdo tão significativo. A medicina contemporânea — e a norma era semelhante há um século — assume que as doenças sejam sindrômicas. Os seus sintomas aparecem em aglomerados previsíveis. Se você está deprimido, e por essa razão está com um transtorno de humor, sono e cognição, há grandes chances de que terá também alterado o seu apetite — não importa se está "carente de atenção" ou "de estômago embrulhado" a respeito de uma circunstância da vida.

Quanto a doenças com diversos sintomas flutuantes — a histeria nos dias de Freud ou o transtorno de personalidade limítrofe no nosso tempo —, a psiquiatria vê as manifestações temporárias como epifenômenos. Elas podem ter funções, se ajudam um paciente a obter atenção ou evitar obrigações, ou podem representar uma agitação geral, em pânico. Na medida em que podemos descobrir as suas causas, essas doenças, aquelas que atacam pacientes com uma qualidade extravagante, surgem de uma combinação de transtorno de personalidade e humor. Tanto o estilo impulsivo e grandioso como a vulnerabilidade à depressão ou à mania têm causas complexas: genética, eventos pré-natais, trauma na infância, estresse crônico e perdas agudas, em combinação. Freqüentemente os sintomas são compreensíveis — uma criança que tem um dos pais imprevisível pode crescer ansiosa e com medo de intimidade. Mas já não esperamos uma correspondência um-para-um criativamente disfarçada entre o sintoma e o pensamento ou evento — nem é possível acreditar que Freud teria encontrado consistentemente essa relação, exceto forçando a questão.

Freud usou a sua nova teoria, a de que os sintomas sempre simbolizam causas, para apoiar as suas tendências autoritárias com os pacientes. Onde Breuer era cauteloso, Freud tornou-se peremptório, insistindo na aceitação de suas interpretações. Ele se via como um general num campo de batalha, opondo-se às objeções tanto de seus pacientes como de seus críticos, declarando: "Vamos vencer por fim toda resistência, enfatizando a natureza inabalável de nossas convicções."

Freud estava sempre decidido a expandir o alcance de suas teorias, aplicando-as a casos muito distantes daqueles em que ele fizera as observações originais. Logo Freud afirmaria que as pessoas se tornam paranóides porque estão reprimindo o desejo de empreender os próprios atos que temem, aqueles que dizem que outros executarão contra elas. As ansiedades aparentes dos pacientes simbolizam desejos reais e inaceitáveis. Mais tarde seguidores, com a aprovação de Freud, sugeriram que as jovens inférteis são ambivalentes sobre a maternidade e que os homens com úlceras estão exibindo a mordida interior da ambição. Aos pacientes que sofriam de uma doença, agora atribuía-se também covardia, por deixarem de examinar as verdades difíceis que seus sintomas claramente expressavam.

A evidência desenvolvida pelos céticos durante os últimos quarenta anos — pesquisas sobre a identidade dos pacientes e o resultado de seus tratamentos — tem mudado a base do debate sobre o trabalho de Freud. Durante anos, os críticos haviam dito que a psicanálise não era ciência, porque suas observações não podiam ser refutadas por meio de experimentos. Os defensores de Freud replicavam que a observação neutra que leva à construção de uma hipótese é uma forma de ciência. Freud escutara os pacientes, construíra interpretações sobre as suas associações livres, vira os sintomas diminuírem e depois relatara as suas conclusões.

As novas descobertas mostraram que o primeiro trabalho de Freud não satisfazia nem sequer os critérios mais generosos e mínimos para a pesquisa científica. Se Breuer e Freud estavam dando morfina a suas pacientes histéricas, impossível dizer o que causava oscilação no relato dessas mulheres sobre seus sintomas. As pacientes tinham incentivo demais para entrar no jogo que os médicos propunham. Não há evidência de que a recordação de lembranças inconscientes tenha curado pacientes histéricas — na verdade, nenhuma evidência de que as lembranças eram inconscientes e nenhuma evidência de que as pacientes foram curadas.

Não é claro se Freud e Breuer fizeram algum progresso em elucidar as causas da doença ou o funcionamento da mente. No trabalho de Freud, a teoria orientava a interação com os pacientes, e não o contrário.

Ainda assim, a publicação dos *Estudos* é um momento extraordinário na história da medicina. Freud pode não ter descoberto o inconsciente ou inventado a análise psicológica, mas ele tornou o inconsciente e a análise interessantes. Foi o que ele fez primeiro no consultório — talvez por ver padrões onde não havia nenhum, talvez por sua determinação e franqueza sobre assuntos difíceis. Depois ele detalhou as suas descobertas em relatos belamente compostos que imitam (e logo inspirariam) a ficção da época. Freud deu esperanças aos pacientes e aos leitores numa época em que as doenças mentais eram epidêmicas. Além disso, a intervenção que Freud defendia revelou-se extremamente útil — não o pressionar da cabeça ou as triunfantes interpretações, mas o processo de investigação colaboradora que se transformou na psicoterapia, o principal tratamento para a doença mental na metade de século subseqüente, e um tratamento que continua extremamente importante hoje em dia.

V

Sedução

A reação aos *Estudos* foi favorável. Ilustres neurologistas, inclusive Janet, apresentaram elogios — embora Janet tenha visto o livro como uma confirmação de seu próprio trabalho. Os resenhistas saudaram os *Estudos* como outra evidência para a teoria de que a histeria tinha raízes psicológicas. As objeções eram específicas. Os críticos de Freud se perguntavam se os histéricos não poderiam "dar vazão às suas fantasias" quando convidados a recordar. Da mesma forma, os clínicos adiaram o julgamento sobre a afirmação de que a recuperação de lembranças elimina invariavelmente os sintomas histéricos. Tendo esperado maiores aplausos, Freud experimentou as resenhas favoráveis como rejeições. Ele fora contido, acreditava, pela cautela de Breuer.

Os *Estudos* foram publicados em 1895, mas já em 1891 o relacionamento de Freud com o seu benfeitor esfriara. Em 1894, Freud escreveu numa carta que seus contatos científicos com Breuer haviam cessado. Houve sempre uma qualidade vingativa nas rupturas de Freud com os homens em que havia confiado. Na velhice, Breuer encontrou Freud por acaso na rua e abriu os braços para cumprimentá-lo. Freud fingiu que não o tinha visto.

O ponto da disputa dizia respeito à nova teoria de Freud de que rupturas sexuais estavam na base de todo caso de histeria. Embora Freud afirmasse o contrário, Breuer não teve receio de ligar a histeria à sexualidade. Nos *Estudos*, Breuer escrevera que "*a grande maioria das neuroses graves em mulheres tem a sua origem na cama de casal*", e ele afirmava que a sexualidade era "um dos principais componentes da histeria". Freud exigia uma afirmação ainda mais forte. Breuer resumiria mais tarde a discordância, dizendo: "Freud é um homem dado a formulações absolutas e excessivas: essa é uma necessidade física que, na minha opinião, leva a uma generalização excessiva."

Freud desenvolveu as suas idéias ao longo de uma intensa amizade com um especialista em ouvido, nariz e garganta estabelecido em Berlim, Wilhelm Fliess. Em 1887, por recomendação de Breuer, Fliess havia procurado as palestras de Freud sobre neurologia. Os jovens entusiastas começaram a trocar correspondência. Em 1893, escreviam muitas vezes por semana, freqüentemente longas cartas detalhando idéias especulativas. Fliess, dois anos mais moço que Freud, era um *alter ego*, fanfarrão com seus pacientes, e mostrava-se inovador e fixado na fama.

O compromisso de Freud com o relacionamento tinha a intensidade de um romance adolescente. Ele escreveu: "Você arruína totalmente as minhas faculdades críticas, e acredito realmente em você a respeito de tudo." E ainda: "Quanto eu devo a você: alívio, compreensão, estímulo na minha solidão... Sei que você não precisa de mim tanto quanto eu preciso de você..."

Fliess trabalhava na margem do que era aceitável em ciência, mesmo na sua época. Ele estudava os biorritmos sexuais, adotando a teoria de que os casos amorosos humanos são regidos por eventos periódicos com ciclos de 23 ou 28 dias. Um órgão sexual fundamental que modula essas variações era um dos que Fliess tratava na sua clínica: o nariz. Fliess veio a acreditar que uma cirurgia no nariz podia curar pacientes com sintomas psicológicos causados por inibições sexuais. Ele tinha uma complicada teoria da bissexualidade, acreditando que ao longo da vida todos os humanos passam por intervalos masculinos e femininos. Freud seguiu a orientação de Fliess, usando os cálculos do ciclo-de-dias para predizer nascimentos e mortes, doenças e recuperações.

O teorizar audacioso de Fliess foi liberador para Freud. Como neurologista, Freud estava interessado em distinguir as doenças mentais orgânicas, ou baseadas no cérebro, das psicogênicas, ou baseadas na mente. As primeiras, ele as chamava "neuroses atuais". As neuroses atuais incluíam a neurastenia e a neurose de ansiedade, um termo que Freud começou a empregar no final da década de 1880. Esses diagnósticos eram os que Freud aplicava a seu próprio estado — um distúrbio que incluía esgotamento, depressão, fobias, enxaqueca e palpitações no coração.

Os neurologistas acreditavam que a frustração sexual podia contribuir para a neurastenia. Como era típico, Freud procurava a distinção adotando uma visão absolutista. Propunha a teoria de que "a neurastenia é sempre *apenas* uma neurose sexual" baseada numa frustração no pico da excitação e ejaculação. A masturbação, a impotência e o coito interrompido eram os principais culpados — os preservativos não trouxeram grande melhoramento — e a relação sexual genital satisfatória, a prevenção.

Numa nota a Fliess, Freud adotou uma perspectiva de saúde pública. A resposta para a neurose real era uma forma melhor de prevenir a gravidez, combinada com a aprovação do amor livre entre homens e mulheres solteiros. Freud escreveu: "É sem dúvida uma questão de interesse público que *os homens tenham relações sexuais com plena potência.*" As mulheres também seriam beneficiadas, porque a sua satisfação dependia de o homem desempenhar o seu papel com vigor.

Não seria a última vez que a autobiografia parece ter desempenhado um papel na teoria causal de Freud. Em 1894, Freud observou que sua mulher estava "revivendo" a perspectiva de não ter mais um filho naquele ano, acrescentando: "Estamos agora vivendo em abstinência."

Breuer também acreditava que as pulsões sexuais suprimidas na vida adulta podiam causar distorções mentais. Ele havia chegado a tanto nos *Estudos*. Mas Freud não ficara satisfeito com a sua solução inicial para o enigma da histeria. A chimney sweeping de Breuer levava a lembranças de eventos que coincidiam com o aparecimento de sintomas. Mas freqüentemente esses eventos não pareciam ser especialmente provocadores.

Na sua correspondência com Fliess, Freud andara desenvolvendo idéias sobre as forças ativas na doença mental. Ele acreditava que, quando a mente empurra para fora da consciência idéias inaceitáveis, a excitação proveniente dessas idéias se converte num sintoma físico (como na histeria) ou se liga a outras idéias menos ameaçadoras, que então se tornam obsessões ou alucinações. Freud tinha em mente princípios da física como a conservação da energia. Mais informalmente, ele estava preservando uma teoria apresentada por Charcot de que a histeria só ocorria se um trauma tivesse força suficiente para justificar uma anormalidade persistente. A contribuição adicional de Freud, de que o sintoma seria simbolicamente congruente com a sua causa, não eliminava o requisito anterior.

Usando a técnica associativa de Breuer para investigar os sintomas até a sua fonte, Freud havia descoberto que todas as explicações iniciais dos pacientes apontavam para eventos que eram insuficientes quanto à força ou incongruentes quanto à forma. A sua solução, ele informou a seus colegas num discurso proferido em abril de 1896 (o seu título jactancioso, "A Etiologia da Histeria", apontava mais uma vez para uma resposta unitária), era "dizer ao nosso paciente que tal experiência nada explica, mas que, por trás dela, deve estar oculta uma experiência anterior mais significativa". Esse método vigoroso estimularia outras recordações.

Além disso, o problema para a psicanálise, uma palavra que Freud começara a empregar, era que as lembranças se ramificam. Para selecionar as poderosas, o terapeuta precisava considerar as associações a inúmeros sintomas, chegando com isso aos "pontos nodais", lembranças sobrepostas de grande significação. Freud analisara 18 pacientes (seis homens e 12 mulheres, incluindo casos mencionados nos *Estudos*) que sofriam de histeria ou de uma mistura de histeria e obsessividade. Universalmente, dizia, seja qual for o sintoma que desencadeia a investigação, "*no final chegamos infalivelmente ao campo da experiência sexual*".

Essa conclusão correspondia ao que os médicos diziam em privado. Charcot conferira um papel universal a "*la chose genitale*". Outro colega brincara com Freud dizendo que determinada paciente precisava era de uma prescrição que seu marido fora incapaz de fornecer: um pênis normal, a dose a ser repetida quando necessário. Até então Freud só recolhera as fofocas da sala comum e proclamara essas bisbilhotices nos salões da academia.

Mas Freud foi adiante. Os pontos nodais, afirmava, diziam respeito a lembranças sexuais da puberdade. Alguns eram de eventos graves, como estupros. Mas outros eram de pouca monta — uma charada obscena que causava ansiedade, ou um menino pressionando seu joelho contra o de uma menina embaixo da mesa de jantar. Outros poderiam argumentar, continuava Freud, que, diante da degeneração hereditária, esses pequenos traumas talvez bastassem para desencadear uma doença. Freud oferecia uma explicação alternativa: invariavelmente, a preparação para os sintomas na adolescência é um evento sexual anterior.

A tese de Freud era que "no fundo de todo caso de histeria há *uma ou mais ocorrências de experiência sexual precoce*, ocorrências que pertencem aos primeiros anos da infância", e que são recuperáveis pela psicanálise. A causa de toda histeria são "atos semelhantes ao coito", geralmente dos 2 aos 4 anos, mas em todo caso antes dos 8 anos, quando surgem os sintomas. Essa conclusão era a "*caput Nili*" de Freud — uma descoberta tão fundamental quanto a da fonte do Nilo.

Mais uma vez, Freud adota a visão extrema. Uma pessoa que não teve experiências sexuais destrutivas até os 8 anos não desenvolve histeria. Freud escreveu que a maior parte do dano real provém da verdadeira "sexualidade infantil", a relação sexual antes dos 4 anos. Freud apresentou uma série de argumentos em defesa de sua hipótese. Os seus pacientes não haviam tentado caluniar um parente ou alguém encarregado de cuidar das crianças. Ao contrário, os pacientes não chegam ao consultório com a capacidade de recordar cenas de violação. "Somente a compulsão mais forte do tratamento" pode fazer com que admitam os eventos e, mesmo quando produzem o material, os pacientes tentam não acreditar nos fatos e dizem que não se lembram realmente das cenas.

Aqueles dentre o público de Freud que haviam lido os *Estudos* talvez soubessem que ele era enérgico com seus pacientes. Naquela obra — sem estar procurando abuso sexual infantil, mas ainda desejos vergonhosos — ele escrevera que, quando um paciente oferecia uma explicação não sexual para os seus problemas, ele "naturalmente rejeitava a derivação e tentava encontrar outra em seu lugar, que se harmonizasse mais com as minhas visões sobre a etiologia das neuroses". Ainda assim, dirigindo-se a seus colegas, Freud tomou o cuidado de negar que pudesse ter induzido qualquer lembrança falsa por meio de sugestão. A maneira de sua negação é reveladora: "Até agora, nunca consegui impor a um paciente uma cena que esperava encontrar." Além disso, Freud havia obtido por duas vezes uma confirmação externa do evento em questão: certa vez de um irmão abusivo e outra vez de uma segunda paciente que fora molestada por um determinado homem e até fizera sexo *à trois* com ele e a primeira paciente.

Freud ainda argumentou que esse molestamento prematuro — por estranhos, amas e governantas, irmãos, pais e parentes mais distantes — não é raro, mas extremamente comum, muito mais comum que a histeria. Freud havia descoberto que, na maioria dos casos de histeria, o paciente experimentou relação sexual com duas categorias de molestadores. E quando o violador era um guardião regular, como uma governanta ou o pai, o adulto persistia por anos com as intrusões, no que Freud chamava "uma relação de amor regular".

Muitas vezes, explicava Freud, as experiências sexuais infantis não resultam em histeria. As pessoas que se lembram do molestamento nunca desenvolvem sintomas, nem aquelas de caráter moral baixo, que podem suportar a memória inconsciente sem ansiedade. Essa consideração explica por que os pobres têm menos histeria que seus superiores. A classe baixa não sente vergonha. (Tornar-se-ia um princípio de Freud que o tratamento fosse reservado a pacientes educados, de caráter sólido, cujas neuroses atestam a adequação de sua natureza moral.) A causa efetiva dos sintomas é uma "idéia incompatível" mantida fora da consciência.

Em alguns pacientes, a experiência sexual particular é representada simbolicamente por sintomas como engasgar-se, vomitar ou sensações que acompanham a defecação. E nesse ponto Freud era franco sobre os tipos de violações que tinha em mente: "Não se pode esperar que as pessoas que não hesitam em satisfazer seus desejos sexuais em crianças se preocupem com nuanças finas nos métodos de obter essa satisfação..." Além da vagina, elas abusam da "cavidade bucal e do reto". Mas a maioria dos sintomas histéricos é "sobredeterminada", isto é, eles integram aspectos do primeiro abuso e dos gatilhos posteriores que os desencadeiam. Uma grande justificação para a teoria é que ela explica a força das reações do paciente a pequenas humilhações na vida adulta. A "sensibilidade" é justificada pela magnitude do "estímulo excitante" original na infância.

Freud pedia que os neurologistas e psiquiatras dessem outro salto. Não só a histeria, mas também os distúrbios envolvendo obsessões, paranóia e psicose com alucinações deviam ser invariavelmente explicados do mesmo modo. Freud não elaborou as suas teorias no seu discurso inicial, mas ele acreditava que os obsessivos, principalmente os homens, tinham sido molestados entre os 4 e os 8 anos, e depois haviam, por sua vez, atacado meninas mais jovens, uma seqüência que levava à autocensura. A paranóia e as alucinações resultavam de atividade sexual posterior, pouco antes da puberdade. Freud agrupava essas enfermidades numa nova categoria, as "neuroses de defesa", em que a defesa se refere à repressão de lembranças inaceitáveis de pensamentos e sentimentos que acompanham as experiências sexuais prematuras.

No discurso a seus colegas vienenses, Freud se retratou repetidamente como um herói. Ele é David Livingstone revelando as cabeceiras do Nilo. Ele é Heinrich Schliemann escavando a antiga Tróia. Freud pede a seus ouvintes que imaginem uma região pouco conhecida entulhada de ruínas, "restos de muros, fragmentos de colunas, e tabuinhas com inscrições meio apagadas e ilegíveis", indícios comparáveis aos sintomas da histeria. O explorador deve se contentar em "questionar os habitantes — povo talvez semibárbaro?". Na metáfora prolongada, esses primitivos são pacientes histéricos, não confiáveis como informantes a respeito das causas de seus sintomas. O escavador deve cavar profundamente para encontrar as chaves para a compreensão das inscrições, para que as pedras falem. Não são os pacientes, mas os sintomas que revelarão o significado. Freud estava dizendo abertamente que se baseava antes no seu próprio conhecimento (que a relação sexual na primeira infância causa histeria) que naquilo que seus pacientes lhe contavam.

Para sua consternação, Freud não foi abraçado como um conquistador. Richard von Krafft-Ebing, o primeiro estudioso de patologia e perversão sexual da época, descartou a teoria de Freud como "um conto de fadas científico". Freud sentiu-se empurrado para o ostracismo. Assustadoramente, diminuíram os encaminhamentos de pacientes para o consultório de Freud.

Freud havia insultado os seus colegas, dizendo que eles tinham negligenciado um elemento crítico na história de seus pacientes histéricos e obsessivos. O público não se opunha a histórias de molestamento e abuso infantil. Essas violências eram discutidas abertamente no sistema de justiça criminal, na imprensa popular e na literatura médica. Charcot, por exemplo, havia dedicado algum tempo a entrevistar tanto perpetradores como vítimas de abuso infantil. A teoria de que o choque e o trauma levam à histeria continha a noção de abuso sexual como uma causa. Igualmente, compreendia-se que os histéricos têm propensão a imaginar ou fabricar histórias relacionadas com sexo. A relação da doença mental com o abuso infantil era complicada. E parecia certo, em face da "railway spine", que traumas não sexuais poderiam dar origem a sintomas histéricos.

Mais uma vez, Freud havia apresentado uma teoria demasiado simples a um público sofisticado. A nova afirmação de Freud era que ele havia feito a sua descoberta ao longo de entrevistas com 18 pacientes consecutivos de classe média ou alta que sofriam de histeria ou de uma combinação de histeria e obsessões. A princípio, nem um único paciente relatou ter sido molestado na infância. Ao longo do tratamento, todo paciente veio a lembrar ter sido submetido a uma relação sexual antes dos 4 anos (ou, raramente, 8 anos), e cada um havia sido realmente violentado naquelas tenras idades.

Essas afirmações eram simplesmente implausíveis. Era muito mais provável que Freud tivesse sido enganado pelos seus pacientes e por sua própria tendência a saltar a conclusões ou que tivesse deturpado as suas descobertas. Para a credibilidade de Freud, talvez não tenha ajudado o fato de que ele acabara de publicar um livro explicando alguns desses mesmos casos sem fazer referência a abuso sexual infantil. O discurso da "Etiologia" fez com que os relatos anteriores parecessem fraudulentos, uma vez que investigar os sintomas até suas raízes recentes (fumaça de charuto, amor pelo diretor) não poderia ter sido o suficiente para uma cura.

Mais tarde, depois de ter se distanciado dessa descrição da histeria, Freud se referia a seu relato como a "teoria da sedução". É verdade que Freud acreditava que as crianças podiam desejar ou sentir prazer em encontros sexuais. Mas na maior parte dos casos Freud simpatizava com a vítima,

> a criança que no seu desamparo fica à mercê dessa vontade arbitrária, a criança que é prematuramente despertada para todo tipo de sensibilidade e exposta a toda espécie de desapontamento, e cujo desempenho das atividades sexuais a ela designadas é freqüentemente interrompido pelo seu controle imperfeito das necessidades naturais — todas essas incongruências

> grotescas e ainda assim trágicas se revelam gravadas sobre o desenvolvimento posterior do indivíduo e de sua neurose...

Nenhuma obra de Freud evocou mais controvérsia nos anos recentes do que esse discurso, mais tarde repudiado pelo seu autor. Por um lado, Freud tem sido ridicularizado pela espécie de credulidade que deu origem, no nosso tempo, ao fiasco da "memória reconstruída", quando os adultos eram falsamente acusados de atos grotescos com crianças, baseados em lembranças distantes suscitadas por terapeutas excessivamente zelosos. Por outro, depois de ser elogiado pela sua insistência inicial nos efeitos nocivos do molestamento, Freud foi atacado pelo seu subseqüente abandono dos pacientes violentados e dos aspectos válidos de sua própria descoberta.

As duas acusações são verdadeiras. Por um lado, Freud havia forçado os seus histéricos a criar recordações que se harmonizavam com a sua hipótese, e ele fora rápido em acreditar em qualquer relato dramático que eles produzissem. Por outro lado, embora continuasse a insistir corretamente que alguns pacientes histéricos haviam sido molestados, Freud nunca montou uma defesa fundamentada das vítimas de incesto nem um ataque a seus violentadores. Mas talvez fosse mais exato dizer que a teoria da sedução não pode conter muito peso moral. Apesar de sua referência apaixonada à tragédia, o compromisso mais forte de Freud era com o caminho pioneiro que lhe traria fama. Como ele estava determinado a descobrir uma única grande explicação para a psicopatologia — a *caput Nili* —, a teoria da sedução estava fadada a ser jogada fora em favor da próxima grande descoberta.

Freud tendia a entusiasmar-se por teorias minuciosamente elaboradas, modeladas para resolver problemas criados por ele próprio. Com a teoria da sedução, ele andara trabalhando para salvar três noções: que os sintomas são proporcionais a suas causas, que os sintomas simbolizam as suas causas, e que as causas são sempre sexuais.

É verdade que, em condições como a histeria, um estresse de menor monta às vezes desencadeia uma grave descompensação. Na década de 1960, os pesquisadores examinaram essa questão sob nomes categóricos como "sensibilidade à rejeição" e "disforia histeróide". (Esse nome de diagnóstico contém uma hipótese: as mulheres que parecem histéricas às vezes sofrem de uma variante da depressão.) As pacientes em questão, hospitalizadas por comportamento autodestrutivo, tinham sintomas difusos, inclusive uma tendência ao drama social. Dada uma classe de medicamentos recentemente descobertos, os antidepressivos, essas mulheres instáveis melhoraram em termos gerais. Em retrospectiva, elas haviam experimentado extremos de depressão e ansiedade em face de pequenas desfeitas e depois haviam traduzido o seu sentimento desesperado em ações impulsivas.

Com efeito, a "sensibilidade" baseava-se na desregulação do humor. E a desregulação do humor surge de fatores conhecidos na neurologia antes de Freud: hereditariedade, trauma precoce e adversidade subseqüente. O abuso sexual na infância, em quase qualquer idade, é especialmente nocivo. Assim também é a exposição a qualquer outra violência física. Em geral, a vida familiar caótica predispõe as crianças a transtornos de humor. Mais tarde na vida, uma variedade de rupturas no amor e no trabalho, como o divórcio e a perda do emprego, bastará para causar ou piorar o transtorno de humor em pessoas que a genética ou a experiência precoce tornaram vulneráveis. Essa compreensão corresponde em termos gerais ao consenso que Freud atacava, atribuindo toda a histeria ao abuso sexual entre os 2 e os 4 anos.

Tão destrutivo quanto seus relatos de abuso infantil — primeiro exagerados, depois repudiados — era o agrupamento que Freud fazia da obsessividade e da psicose com a histeria. Ele procurava explicações unitárias para uma ampla gama de estados, um esforço que, ao se estabelecer na psiquiatria, resultaria num colapso das categorias de doenças. O significado de "sexualidade infantil" mudaria, assim como mudaram as grandes teorias de Freud. Mas, na era do domínio psicanalítico, considerava-se que quase todo distúrbio mental tinha a mesma causa: repressão de lembranças relacionadas com a sexualidade infantil. O diagnóstico tornou-se quase irrelevante. Com o tempo, distúrbios devastadores do desenvolvimento neurológico como a esquizofrenia e o autismo seriam atribuídos a maus cuidados paternais e maternais, um eco distante da fracassada teoria da sedução.

Freud não defendia a "sexualidade infantil" apenas para espantar os seus pares. Ele andara desenvolvendo uma teoria do sistema nervoso, uma teoria que também servisse como solução para o problema mente-corpo. Nesse modelo, a excitação sexual tinha um papel especial, como uma toxina que, se não lançada fora, poderia envenenar o cérebro e causar distúrbios psicológicos.

Em particular, o trauma sexual poderia ter efeitos latentes. Nesse ponto, Freud acreditava que as crianças se tornavam sexuais apenas na puberdade. Uma pessoa que tivesse relação sexual cedo, antes que o instinto sexual estivesse desenvolvido, armazenava uma memória que depois funcionava como uma mina terrestre, preparada para explodir quando o território era revisitado na adolescência. A reação a uma pequena ruptura na adolescência expressaria a energia suprimida, como um efeito adiado da primeira violação.

Em 1895, Freud trabalhou nesse projeto de maneira frenética. Encheu cadernos de notas com idéias destinadas a criar uma "Psicologia para neurologistas", uma explicação da mente em termos de forças físicas. Ele começou com princípios básicos — por exemplo, a idéia de que os neurônios querem descarregar energia, atingindo um estado inerte que Freud associou com a satisfação ou o prazer. Da mesma forma, os organismos desejam escapar ou recuar de todas as formas de estímulo. Mas os organismos têm necessidades reais. Para saciar a fome, por exemplo, eles devem armazenar e depois gastar energia, interagindo com o mundo. Por mais relutantes que sejam, os organismos devem se voltar para o exterior.

Freud colocou esse conflito entre o prazer (na inércia) e a necessidade de satisfação (atividade requisitada) na base de sua nova psicologia. Sobre esse fundamento, construiu um sistema que explicasse a percepção e a consciência, e depois a memória e a cognição complexa — capacidades de julgar as circunstâncias correntes em termos da experiência passada de dor ou prazer. Esses mecanismos então forneciam explicações para uma legião de fenômenos mentais, desde o desejo até a alucinação e o sonho.

Em outubro de 1895, Freud escreveu a Fliess sobre o seu próprio estado de excitação:

> Numa noite difícil da semana passada, quando eu estava no doloroso estágio de desconforto em que o meu cérebro funciona melhor, as barreiras de repente desapareceram, os véus caíram, e foi possível ver todo o caminho desde o detalhe da neurose até o próprio condicionamento da consciência. Tudo encontrou o seu lugar, os dentes da engrenagem se ajustaram, e a coisa realmente parecia uma máquina que, num momento, funcionaria por si mesma.

Mas, em novembro, Freud escreveu para dizer que já não podia compreender por que tinha engendrado a psicologia: "Parece-me ter sido uma espécie de aberração." Freud mudava constantemente de opinião sobre o projeto, mas no início de 1897 havia abandonado a sua construção mecanicista da teoria. O nosso registro dessa teoria sobrevive porque Freud não pediu a Fliess que devolvesse dois cadernos de notas. Depois da morte de Fliess, em 1928, sua viúva vendeu-os a um livreiro com a condição de que não fossem revendidos a Freud — porque ela sabia que ele os destruiria.

O *Projeto para uma Psicologia Científica*, para dar às notas o título conferido pelo seu tradutor inglês, não foi publicado em vida de Freud — felizmente para a sua reputação, pois as notas eram muito especulativas. Como tudo o que Freud escreveu, o *Projeto* contém lampejos de brilho. Mas é também outro trabalho na corrente de empreendimentos exageradamente ambiciosos, estragados pela tentativa de encontrar uma causa simples para fenômenos complexos.

Freud procurava ser lembrado como um descobridor de leis fundamentais, como as leis de movimento de Newton, das quais pode ser deduzido o funcionamento de um campo da ciência. A regra de Freud, de que tanto as células como os organismos procuram o repouso, tem ligações com a filosofia antiga — com a noção de *ataraxia* ou equanimidade. Muitas escolas da filosofia grega (que abrangiam o que hoje se chama psicologia) ensinavam que a experiência é dolorosa, de modo que o sábio procura uma ausência de emoção e excitação. Embora os cadernos de notas sejam apimentados com esboços aparentemente científicos de caminhos neurais, o *Projeto* é em grande parte psicologia ou filosofia descrita imaginativamente pelas imagens da biologia do cérebro.

Depois que abandonou o *Projeto*, Freud continuou a acreditar que a meta humana fundamental é o prazer, compreendido como uma ausência de excitação. Em particular, a energia sexual não liberada mantinha um papel especial, como um agente tóxico. Em termos práticos, essa formulação significava que Freud não reconhecia pulsões positivas, como o altruísmo, a curiosidade, a integração social e a fruição da competência. Embora fosse um devotado darwinista, Freud não via os animais como criaturas programadas pela evolução, mediante a estrutura de seus cérebros, para fruir com sucesso de interações com o ambiente. O homem freudiano, o homem do *Projeto,* só age porque deve fazê-lo na sua trajetória para a inércia. Para Freud, a intimidade, o autoconhecimento e até a consciência eram estados humanos adotados *faute de mieux* — o preço que a realidade exigia de criaturas nascidas para preferir o isolamento e a ignorância.

O fenômeno mais prontamente explicado pelo *Projeto* é a repressão de idéias importunas: procuramos não ser perturbados. O *Projeto* estabeleceu o fundamento para uma psicologia baseada em conflitos entre, de um lado, as exigências da realidade, e, de outro, os desejos poderosos de inação e esquecimento. A observação de T. S. Eliot de que “A espécie humana não pode suportar muita realidade” é Freud posto em verso. Claro, há alguma circularidade no curso de pensamento de Freud. Ele traduziu a filosofia em biologia cerebral e depois passou a raciocinar a partir da biologia para descobrir a mesma filosofia, a de que somos criaturas fadadas a ser frustradas de forma significativa pelo universo social em nossa busca de prazer.

A biologia e a psicologia do *Projeto* têm severas limitações, aquelas observadas pelos contemporâneos de Freud quando ele traduziu o *Projeto* em teoria da psicanálise. O prazer que Freud reconhece é despido de tudo o que reconheceríamos como sentimentos agradáveis. É repouso, num mundo doloroso. E Freud não encontra lugar para pulsões primárias relativas à afeição, de um lado, ou à agressão, de outro. Essas omissões são inusitadas num darwinista, dado que são bastante observáveis as interações de grupo em animais. Freud havia construído uma biologia com um comportamento em mente: o recuo diante de pensamentos importunos.

O *Projeto* era ao mesmo tempo esperançoso e desesperado. Freud havia completado 40 anos. Desistira de carreiras substanciais como neuropatologista e depois como neurologista clínico. Assumindo riscos, ele jogara os seus dados com os estudiosos da histeria, gastando longas horas com pacientes caprichosos. E mesmo assim não se tornara famoso.

Freud escreveu o *Projeto* num estado febril de criatividade, pontuado por fases de moral baixo. Seu biógrafo autorizado, Ernest Jones, descreve a década de 1890 como anos de "mudanças extremas de humor" para Freud, nos quais "houve somente intervalos ocasionais em que a vida parecia valer a pena". Jones escreve: "As alternâncias de humor ocorreram entre períodos de exaltação, excitamento e autoconfiança, de um lado, e períodos de depressão severa, dúvidas e inibição, de outro."

Se a nossa imagem de Freud foi moldada por filmes feitos quando ele tinha os seus 80 anos, talvez tenhamos dificuldade em imaginar o homem que propôs o *Projeto* e a teoria da sedução. Na sua velhice, o sucesso emprestou a Freud uma qualidade magistral. O câncer de boca (e as hesitações em inglês) faziam com que ele falasse vagarosamente. Mas a correspondência da década de 1890 mostra um homem sujeito a mudanças substanciais de humor — deprimido e depois loucamente enérgico. Com regularidade, ele arquitetava grandes planos e depois os abandonava.

Embora Freud pareça ter acreditado no seu conteúdo, o seu discurso sobre o molestamento de crianças como a única causa de uma série de doenças tem a aparência de um ato impulsivo no meio de uma crise da meia-idade. Dentro de poucos meses, Freud estava expressando dúvidas privadas sobre a sua teoria. Em setembro de 1897, ele escreveu a Fliess uma carta, famosa nos anais da psicanálise, expressando suas apreensões. Os motivos de Freud para modificar as suas visões correspondiam às objeções feitas pelos seus colegas, mas ele acrescentou também considerações pessoais reveladoras.

Como seus críticos haviam suspeitado, os métodos de Freud haviam obtido bem menos sucesso do que ele até então indicara. Na realidade, como escreveu a Fliess, Freud não fora capaz de conduzir nem uma única análise à sua conclusão. Alguns pacientes haviam interrompido abruptamente o tratamento. O restante não estava plenamente curado.

Nem eram confiáveis as informações que Freud havia colhido. Os histéricos fabricam histórias. Além disso, observava Freud, ele andara interrogando as mentes inconscientes dos pacientes, e no inconsciente a realidade e a fantasia se misturam, por isso o que surge talvez não corresponda à verdade histórica. Quanto aos fatos da infância, eles talvez permanecessem ocultos. Mesmo quando psicóticos ou delirantes, isto é, quando seus censores internos estavam incapacitados, os seus pacientes não haviam revelado segredos da infância. Seguia-se que era improvável que informações sobre os primeiros anos de vida surgissem na terapia.

Freud também retrocedeu admitindo que os casos de molestamento precisariam ser muito mais numerosos que os casos de histeria, e "perversões tão difundidas contra as crianças não são muito prováveis". Mas a lista de Freud com as razões para dúvida contém um dado particular notável: "a surpresa de que em todos os casos o *pai*, sem excluir o meu próprio, teria de ser acusado de ser perverso..."

A observação é chocante por dois prismas. Somente lançando uma ampla rede, que abrangia intrusões de estranhos e governantas, é que Freud fora capaz de reunir 18 casos de abuso infantil presumível. Ele próprio passara por alguma iniciação sexual nas mãos da babá ladra. Por que os pais eram agora os alvos exclusivos da investigação? Evidentemente, Freud já estava visando à sua nova e grandiosa teoria unitária, construída em torno do complexo de Édipo, na qual as primeiras atividades sexuais surgem dentro da relação entre os pais e os filhos. Freud tornou a revisar o seu relato das histórias dos histéricos de acordo com as novas idéias.

Mais perturbadora ainda é a revelação de que Freud colocara seu próprio pai sob suspeita. A essa altura, Freud havia acreditado por algum tempo que ele e algumas de suas irmãs entravam no território coberto pela neurose histérica e obsessiva. Ele havia considerado a teoria do trauma sexual como causa da histeria, ainda que isso lhe exigisse acreditar que seu pai caloroso e brando tivesse realizado atos semelhantes ao coito com as filhas nos seus primeiros anos de vida, e depois (como o molestamento por quem cuida das crianças torna-se crônico) tivesse continuado a manter com elas "relações de amor" duradouras. Para explicar seus sintomas, o próprio Freud deveria ter sido molestado pelo pai. O extenso relato que Freud fez mais tarde de seus sonhos com a devida interpretação não contém tal lembrança. Dada a tendência de Freud a ser insincero nos seus relatórios clínicos, alguns pesquisadores chegaram até a sugerir que Freud tivesse contado a si mesmo ou suas irmãs entre os 18 casos que estruturavam a sua teoria. De qualquer modo, Freud tratara a si próprio como ele tratava seus pacientes, insistindo numa história de abuso mesmo na ausência de qualquer lembrança consciente correspondente.

Jakob Freud morrera em outubro de 1896, com 81 anos, depois de uma deterioração da sua saúde que começara no junho anterior. Freud mais tarde diria que a morte do pai é "o acontecimento mais significativo, a perda mais decisiva, na vida de um homem". Durante a doença do pai, Freud escreveu a Fliess: "Concedo-lhe de boa vontade o repouso que ele próprio deseja. Ele foi um ser humano interessante, muito feliz consigo mesmo; está sofrendo muito pouco agora, e definhando com decência e dignidade." Em novembro, ele disse a Fliess: "A morte do velho me afetou profundamente. Eu o tinha em alta conta, compreendia-o muito bem, e ele teve um efeito significativo sobre a minha vida, com sua mistura característica de sabedoria profunda e contentamento fantástico." Esse pai é o mesmo homem que havia sido implicitamente acusado de perversões extraordinárias.

A morte de Jakob parece ter desempenhado um papel no fato de Freud ter se retratado sobre a sua hipótese de molestamento. Levou-o também a voltar-se para o seu interior. Na metade da década de 1890, Freud começara a anotar os seus sonhos, lapsos de memória e as suas formas de *lapsus linguae*. No final de 1890, a análise de seu próprio funcionamento mental se tornara o projeto central de Freud.

O fracasso da teoria do molestamento fora um revés: "A expectativa de fama eterna era tão bela, como era a da riqueza certa, independência completa, viagens, livrar as crianças das graves preocupações que me roubaram a juventude. Tudo dependia de saber se a histeria acabaria bem." Numa recordação aproximada do solilóquio do rei Davi "quão caídos estão os poderosos", Freud escreveu: "Claro que não o direi em Dan, nem falarei disso em Áscalon, na terra dos filisteus." Isto é, Freud ainda não alertaria os críticos sobre o seu erro. Não sentia vergonha, assegurou a Fliess, e estava pronto a retornar à sua tarefa com energia. Só que agora, em vez de aceitar os relatos de seus pacientes como reais, ele suporia que "experiências posteriores dão ímpeto a fantasias que se referem à infância". Freud estava animado porque o seu novo esforço para compreender a mente já estava a caminho, por meio de seu livro sobre o sonho. Era suprema a sua confiança no projeto, em termos intelectuais, ainda que não financeiros. "É uma pena", escreveu a Fliess, "que não se pode ganhar a vida, por exemplo, com a interpretação de sonhos!"

VI

Sonhos

Freud raciocinou que, em sentido estrito, "A verdadeira auto-análise é impossível, porque nesse caso não haveria doença". Como Freud então se considerava histérico e obsessivo, seguia-se que as forças repressivas deviam estar em ação, criando sintomas a partir de pensamentos proibidos. Mas talvez nos casos em que uma abordagem direta fracassasse, a indireta poderia ter sucesso. Freud havia concluído que os sonhos se assemelhavam aos sintomas, como encarnações do conflito interno. Ele examinaria o seu material dos sonhos, observando-o objetivamente, como um estranho — o escavador de ruínas. Dessa forma, ele se tornaria, como dizia nas suas cartas a Fliess, o seu paciente mais importante.

Freud analisava também os sonhos de seus pacientes. Mas a sua própria experiência era central. Na sua investigação, a mente de Freud representava a mente do ser humano. Ao submeter os seus sonhos a uma análise minuciosa, ele esperava descobrir como o pensamento e o sentimento eram construídos de modo geral.

As suas conclusões foram construídas sobre a sua teoria da histeria, mas inverteram a direção de um elemento crítico: o ponto de partida não eram as pulsões incestuosas dos pais, mas as dos filhos. Freud achava que todos os sonhos são significativos e que seu significado é, afinal, de um único tipo. Eles expressam desejos baseados em pulsões sexuais infantis. O fato crítico da vida psíquica é que as crianças, desde antes dos 3 anos, têm impulsos sexuais dirigidos aos pais. Como são socialmente inaceitáveis, esses sentimentos são empurrados para fora da consciência — reprimidos —, mas o seu resíduo pode ser descoberto em quase todo sonho sonhado por qualquer adulto. Tão importante quanto o conteúdo do sonho é a maneira da distorção. Na forma do sonho, Freud discernia um mecanismo de censura que transformava pensamentos inaceitáveis, para que não perturbassem o sono. O sonho revelava o processo de repressão em ação.

A Interpretação dos Sonhos foi publicado em 1899, mas pós-datado 1900. Em todo caso, deve ser contado como um dos livros mais influentes do século XX. Embora tenha sido escrito como um argumento implacavelmente lógico, na sua forma *A Interpretação dos Sonhos* volta aos romances das peripécias picarescas das origens do gênero, o *Gargantua* ou o *Quixote*. A obra magna de Freud está recheada de histórias — contos de loucura e sabedoria mundana, perversão e inocência. Muitas vezes, Freud se apresenta no molde de seu contemporâneo fictício Sherlock Holmes, detectando o obscuro no aparentemente óbvio e o óbvio no obscuro. Muitas vezes, o livro parece sociologia — um retrato de uma certa camada da sociedade vienense. Muda de memórias para comentários sociais e para um compêndio de humor questionável. Freud recorre ecleticamente a monografias acadêmicas, contos folclóricos e textos clássicos. O seu tom é confessional e jactancioso, franco e reticente, poético e pedante. Dentro da obra de Freud, o livro constitui um momento decisivo. Se retorna a relatos canhestros da física da energia mental, antecipa também as teorias que vão ligar os sintomas às vicissitudes da cultura moderna.

Onde *A Interpretação dos Sonhos* se ajusta menos confortavelmente é na progressão da ciência. Hoje ainda conhecemos muito pouco sobre o sono para saber ao certo como os sonhos são criados. A hipótese mais amplamente aceita é que os sonhos são montados por regiões mais elevadas do cérebro, a partir de sinais internos caóticos produzidos por partes primitivas. Um resumo de uma pesquisadora, Rita Ardito, diz que "sonhar é o modo como nossos esquemas cognitivos e significantes dão sentido à estimulação, que é, em si mesma, absurda". Ainda assim, o teor dos sonhos não é emocionalmente obscuro. Durante intervalos de depressão, o conteúdo e o afeto dos sonhos tendem a ser negativos. Quando o trauma ameaça, os sonhos são ansiosos. A alegria e a exaltação podem animar os sonhos, não de forma oculta, mas abertamente.

A função de sonhar continua em discussão. A teoria principal sustenta que os sonhos desempenham um papel de governança, permitindo que os mamíferos descartem ou armazenem e ordenem as memórias recentes. Uma hipótese concorrente postula que os sonhos mantêm o cérebro adequadamente estimulado para permitir uma transição fácil de volta à plena consciência — pensem num computador que é "posto para dormir" em vez de ser desligado. Alguns pesquisadores acreditam que em espécies como a nossa, que são tipicamente mais presas que predadoras, os sonhos — muito especialmente os sonhos de repetição de trauma — exercem uma função, permitindo que os animais revisem situações biologicamente importantes, como "acontecimentos ameaçadores", e ensaiem a ação na expectativa de perigo futuro. Mas é fácil encontrar proponentes responsáveis da posição mais cética, a de que os sonhos não têm nenhuma finalidade.

O que seria mais difícil localizar hoje em dia são defensores da visão de que os sonhos são construídos minuciosa e complexamente para ocultar e, ainda assim, reter evidências de crenças e sentimentos inaceitáveis. Parte da variedade de sonhar está relacionada com a série de estágios do sono que podem produzir sonhos. Em certos estágios, os eventos recentes estimulam o material do sonho; os pesquisadores podem modelar esses sonhos mandando os indivíduos realizarem exercícios-padrão (como executar um jogo de computador) à hora de ir para a cama. Muitos desses sonhos são transparentes.

Em outros estágios do sono, os sonhos são confusos. Pelo relato de Freud, a mente inconsciente mais baixa tem pensamentos perigosos, e a mente consciente mais elevada os censura, criando distorções que parecem bizarras, mas contêm significado. Hoje os cientistas acreditam que, quando os sonhos são bizarros, é porque, por um aspecto normal do sono, as partes do cérebro que organizam o pensamento estão menos ativas. O caráter bizarro provém diretamente das regiões primitivas e emocionais do cérebro que geram o material do sonho. Não há censura — assim o mecanismo de repressão não pode ser revelado pelo estudo da narrativa do sonho.

Nem os sonhos expressam principalmente desejos. O material do sonho é com igual freqüência tão negativo e ameaçador, emocionalmente, quanto positivo ou prazeroso. Como diz o pesquisador de sonhos J. Allan Hobson: "Os desejos inconscientes desempenham um papel pequeno ou papel nenhum na instigação do sonho, a emoção do sonho não é censurada e disfarçada, [...] e a interpretação dos sonhos, por meio da associação livre, ainda não tem nenhum status científico."

É célebre a declaração de Freud de que "*A interpretação dos sonhos é o caminho régio para o conhecimento das atividades inconscientes da mente*". Até os psicoterapeutas, na sua maior parte, já não vêem o sonho como um ponto de entrada privilegiado para os recessos do pensamento. As associações com os sonhos podem conduzir em direções proveitosas, mas o valor reside primariamente na cadeia de idéias acordadas ligadas ao sonho. Outros pontos de partida, como o comportamento, podem servir igualmente bem ao processo associativo. E as recordações dos sonhos têm um risco particular a elas ligado. Os pacientes de analistas freudianos tendem a relatar sonhos que correspondem às teorias freudianas, os analistas junguianos escutam sonhos junguianos. Parece que cada um de nós é Blanche Wittmann, fornecendo o material exato que o médico deseja.

Se é válido o trabalho dos últimos cinqüenta anos de pesquisa do sono, é impossível que um exame neutro dos sonhos possa ter levado Freud a descobrir pistas confiáveis para os mecanismos mentais. Não só na forma, mas também no conteúdo, é provável que *A Interpretação dos Sonhos* pareça aos leitores cientificamente informados uma ficção com um toque de autobiografia. Mas em seus próprios termos, lido sem se considerar o conhecimento contraditório sobre o cérebro adormecido, *A Interpretação dos Sonhos* é um texto convincente. Em particular, os próprios sonhos de Freud parecem fornecer um rico suporte para as teorias que ele defendia. Se ele era a sua própria Blanche Wittmann, desempenhava o papel no sentido mais pleno, com talento.

A análise dos sonhos era um tópico ativo na segunda metade do século XIX. Na primeira edição de *A Interpretação dos Sonhos*, Freud fazia referência a 79 livros que, entre eles, continham a maioria das afirmações que ele apresentaria. Entre elas, estão as de que os sonhos falam simbolicamente, encenam dilemas morais ou problemas não resolvidos, envolvem elaborações ou destilações de pensamentos acordados, contêm idéias que foram descartadas ou não reconhecidas, acarretam um rearranjo de impressões fora do pensamento consciente por meio de uma espécie de "trabalho onírico", expõem camadas de pensamento mais profundas do que as acessíveis na vida de vigília, e são ferramentas valiosas para a investigação psicológica. Cada uma dessas idéias havia sido defendida por médicos e biólogos sérios — embora Freud precisasse tornar a argumentar cada ponto, contra uma visão científica concorrente, predominante tanto no seu tempo como no nosso, que compreendia os sonhos como um resíduo de atividade aleatória do cérebro.

Mesmo a noção de simbolismo especificamente sexual nos sonhos havia sido mencionada. Em 1861, um filósofo, Karl Scherner, propôs que os sonhos são interpretáveis. Ele via falos em clarinetes, torres e cabos de cachimbo. A biblioteca de Freud continha dois exemplares do livro de Scherner, com as seções sobre simbolismo sexual sublinhadas.

A respeito dos sonhos, a contribuição de Freud foi a de costume — não originalidade, mas seleção, simplificação, legitimação e ênfase. Ele asseverava que *todos* os sonhos são significativos e quase todos representam desejos, na verdade desejos que são satisfeitos no ato de sonhar, de modo que no sono o sonhador experimenta o sucesso.

Freud introduz a sua conclusão com uma metáfora, que recorre a seu grande conhecimento de andarilho:

> Quando, depois de passar por um desfiladeiro estreito, saímos de repente num trecho de terreno elevado, onde o caminho se divide e as mais belas perspectivas se abrem em todos os lados, podemos fazer uma pausa por um momento e considerar em que direção daremos nossos primeiros passos. É o que acontece conosco, agora que superamos a primeira interpretação de um sonho. Nós nos descobrimos na aurora de uma descoberta repentina. Os sonhos são... realizações de desejos.

A afirmação é estranha. A julgar pela aparência, muitos sonhos têm resoluções infelizes. Dois de seus contemporâneos, Freud foi obrigado a observar, tinham descoberto que 57,2% dos sonhos têm aparentemente um conteúdo antes "desagradável" que "agradável".

O "sonho da monografia", para tomar um tipo comum, é problemático, e Freud levou anos lutando para dominá-lo. Nesse pesadelo, a pessoa se vê despreparada diante de um exame escolar de sua juventude. Freud concluiu que o sonho representa uma reparação. O sonhador passou de fato no teste em questão, assim no sonho está predizendo sucesso comparável num desafio adulto corrente. Ao mesmo tempo, a censura implícita no sonho, a de que se é estúpido, refere-se à "repetição de atos sexuais repreensíveis" e a castigos recebidos por mau comportamento, como a masturbação, no início da vida. Efetivamente, a luta passada — o conflito com um pai poderoso e crítico — também termina em vitória dentro do sonho. A criança que foi chamada de burra conseguiu se formar.

O raciocínio de Freud talvez pareça absurdo aos leitores modernos. Se o sonho da monografia tem alguma função, é assinalar a ansiedade. Mas Freud estava olhando mais além dos sonhos, em busca da estrutura da mente. No seu novo esquema, o trauma da infância já não era o fator crítico no desenvolvimento humano. Freud precisava que todos os sonhos fossem desejos, porque ele queria demonstrar que os fenômenos mentais de difícil explicação têm uma única fonte, um desejo ilícito proveniente da infância.

Em outubro de 1897, Freud passou a Fliess as últimas informações sobre o progresso de sua auto-análise. Começou com um aceno à numerologia de Fliess — por três dias, Freud se sentira "atado interiormente", assim como tinha se sentido 28 dias antes. Freud andara sonhando com a babá de sua infância, a "professora em assuntos sexuais". Para compreender melhor o seu sonho, ele perguntou à sua mãe sobre a demissão da babá a pedido de Philipp. Freud então recordou o seu próprio desespero durante a gravidez de sua mãe. "Uma única idéia de valor geral despontou na minha mente. Descobri, também no meu caso, [o fenômeno de] estar apaixonado pela mãe e ter ciúme do pai, e agora o considero um evento universal da primeira infância... Se assim é, podemos compreender o poder do domínio do mito de Édipo Rei." Todo mundo é um Édipo, especulou Freud, "e cada um recua de horror diante da realização do sonho ali transplantado na realidade".

O mesmo raciocínio, escreveu Freud, explica a lógica de *Hamlet*. Embora ele tenha poucos escrúpulos quanto a matar Rosencrantz, Guildenstern e Polonius, Hamlet hesita em se vingar de seu tio regicida, Claudius. A explicação está no tormento que Hamlet "sofre com a lembrança obscura de que ele próprio tinha pensado em cometer o mesmo ato contra seu pai por causa da paixão por sua mãe". É interessante que Freud nunca tenha investigado o paralelo entre Claudius e Philipp, que usurpou a autoridade de Jakob e ganhou um grau de intimidade com Amelia. Freud não parecia estar buscando um relato nuançado, nem mesmo de sua própria experiência. Como sempre, ele queria dar um golpe audacioso. Hamlet, Freud e Todo Mundo nutrem culpa por seus desejos incestuosos, na infância, pela mãe.

O método de Freud é o seu habitual: transformar o particular no geral e o moderado no extremo. Ele começa com a história pessoal: a perda da sua babá, a ausência de sua mãe, a figura gigantesca do meio-irmão e a perspectiva de um novo irmão — motivos comuns para ciúme e ansiedade. Essas memórias e sentimentos contêm a base para um conjunto de observações psicológicas úteis sobre as condições da vida familiar para a criança. Jonathan Lear resume os elementos como desamparo, proibição e ambivalência. As crianças são dependentes e devem ser obedientes. Como resultado, é provável que tenham sentimentos mistos de amor e ressentimento, emoções que talvez precisem ser ordenadas quando tornam a ocorrer em relações na vida adulta. Carl Jung fez comentários semelhantes no início de seu convívio com Freud. Na visão de Jung, Freud fizera bem em insistir na natureza conflituosa da vida familiar, mas cometera um erro ao dar aos desafios da infância uma vertente sexual.

Nas mãos de Freud, a dependência e a rivalidade se tornam sexo e violência. Em *A Interpretação dos Sonhos*, ele conclui: "É talvez o destino de todos nós dirigir o nosso primeiro impulso sexual para a nossa mãe e o nosso primeiro ódio e o nosso primeiro desejo assassino contra nosso pai [...]. Como Édipo, vivemos na ignorância desses desejos, repugnantes à moralidade, que nos foram impostos pela natureza..." Freud levou sentimentos mistos comuns até o seu limite. *Todos* os filhos querem assassinar os seus pais e cometer incesto com as suas mães — como um fato da natureza. Foi essa amplificação dramática do drama familiar que captou a imaginação popular.

Há da mesma forma uma qualidade familiar na interpretação dos sonhos de Freud. O seu primeiro e mais importante exemplo é um "sonho paradigmático", cujo conteúdo Freud anotara na manhã de 24 de julho de 1895. Naquele verão, ele andara tratando uma jovem, "Irma", que era também uma amiga da família. Ele lhe propusera uma solução para o mistério da sua histeria, mas ela se recusara a aceitá-la. Um colega médico relatou, com desaprovação, que visitara Irma, enquanto ela estava de férias fora da cidade, e que ela não estava plenamente bem. Esse tanto é o que Freud conta a seus leitores no prefácio ao relato de seu sonho.

O sonho é cheio de detalhes. Freud repreende Irma. Ela relata dores contínuas na garganta e no abdômen. Temendo algum problema orgânico, Freud examina Irma e descobre uma mancha branca na sua garganta que, entretanto, tem uma estrutura que se parece com os ossos do nariz... e assim por diante. O sonho é povoado por médicos reprovadores que suspeitam de uma infecção. São abundantes as palavras estranhas ou compostas: um colega inadequadamente aplicara em Irma uma injeção de "propil, propilos... ácido propiônico... trimetilamina".

O sonho é um mistério que Freud começa a resolver examinando cada um de seus elementos constituintes. A semelhança da garganta com o nariz, por exemplo, lembra a Freud a ansiedade sobre a sua própria saúde. Ele anda usando cocaína, e um paciente que seguiu o seu exemplo tivera necrose de uma membrana nasal. Os seus escritos sobre a cocaína lhe trouxeram má fama, e o uso errado da droga talvez tivesse apressado a morte de um amigo — e assim por diante. Propil leva a pensar em óleo de batatas fedorento e também em propileus, ou portões monumentais, como os que existem em Munique, onde Freud visitara recentemente o amigo Fliess. E trimetilamina é uma substância que Fliess acreditava estar relacionada com a química e os odores da sexualidade. Além disso, Fliess era um especialista nas ligações entre a vagina e o nariz.

Freud está mostrando que cada fragmento de um sonho é "sobredeterminado", isto é, formado pela condensação de vários dos pensamentos do sonhador e por relações significativas com outros elementos do sonho. Embora as associações de Freud com o sonho possam parecer dispersas em inúmeras fontes de ansiedade — a sua mente se volta a uma doença de sua irmã mais velha e depois à saúde de sua mulher durante a gravidez —, muitas se referem a uma única questão: os escrúpulos de Freud como médico. O seu desejo é não ser considerado responsável por nenhum dano que tenha ocorrido a sua paciente. O sonho *realiza* o desejo, pois, na sua narrativa, é um colega que fracassa no tratamento de Irma.

Freud passaria a ver o deslindamento desse sonho como um sinal de realização na sua vida intelectual. Cinco anos mais tarde, quando pensou que seus pares haviam deixado de apreciar a originalidade de suas teorias, Freud escreveu a Fliess: "Você acha que algum dia será colocada na casa uma placa de mármore, com as seguintes palavras inscritas: *Aqui, em 24 de julho de 1895, o segredo do sonho se revelou ao dr. Sigm. Freud.* No momento, parece haver pouca perspectiva de que isso venha a ocorrer."

Entendidos nos termos de Freud, tanto o sonho da injeção de Irma como a sua análise são proezas impressionantes. A mente do sonhador produziu pistas ricamente simbólicas e ligou-as para formar um mistério evocativo, um mistério que Freud resolve com inteligência. Mas Freud conhecia muitos dados que não tinha partilhado com o leitor.

Irma foi em grande parte modelada conforme uma paciente, Emma Eckstein. A sua história médica continha motivos amplos para preocupação. Os numerosos sintomas de Eckstein incluíam dor e sangramento no nariz. Imaginando que os sintomas nasais poderiam ser conseqüência da histeria arraigada em problemas sexuais, Freud encaminhou Eckstein a Fliess. Fliess confirmou o diagnóstico e fez uma operação no nariz, como um órgão sexual doente. Mas logo Eckstein começou a ter hemorragias na boca e no nariz, que exalavam um odor fétido. Em março de 1895, um cirurgião vienense foi chamado. Ele descobriu que Fliess havia deixado por engano 45 centímetros de gaze dentro da ferida. Eckstein continuou em estado grave por meses. O seu rosto ficou permanentemente desfigurado.

Freud havia encaminhado a sua paciente a um amigo que cometera um erro médico, a serviço de uma teoria extravagante. Mais uma vez, Freud havia se desgraçado diante dos colegas. O objeto de suas ansiedades nesses meses deve ter sido razoavelmente óbvio. Imaginem Freud falando a alguém familiarizado com o caso e dizendo: "Ontem à noite, tive um sonho estranho sobre Emma Eckstein." Sem conhecer nem um único detalhe da história do sonho, e tendo uma visão totalmente indefinida da função dos sonhos, o ouvinte poderia replicar: "Você deve estar preocupado com a sua reputação."

Como no caso da "srta. Lucy R.", a investigação enérgica — propil, trimetilamina — parece irrelevante. É difícil saber que roteiro piora mais a imagem de Freud, o de que ele não tinha noção do que lhe causava ansiedade e precisava de uma análise detalhada de sonho para chegar a uma conclusão, ou o de que ele sabia desde o início, mas escondeu do leitor esse fato e construiu um processo analítico recôndito para justificar a sua teoria psicológica.

O relato de Freud sobre a "Injeção de Irma" ilustra a discussão de que os sonhos são transparentes. Em 1977, escrevendo sem saber da debacle de Eckstein, alguns psicólogos executaram uma contagem de palavras e uma análise de tema do registro do sonho. Concluíram que 60% do texto era dedicado a problemas de saúde e que, sem a ajuda das associações privadas do sonhador, era possível concluir que ele estava ansioso quanto à vulnerabilidade corporal. Os psicólogos também julgaram que o sonhador era hostil às mulheres e apoiava os médicos masculinos.

Incidentalmente, Freud continuaria na defensiva sobre o caso Eckstein durante o resto da sua vida. Em abril de 1896, mais de um ano depois da cirurgia malfeita, Freud escreveu a Fliess que o amigo acertara, que o sangramento de Emma era histérico, resultado de uma ânsia, e que provavelmente ocorrera nos "tempos sexualmente relevantes" no esquema numerológico de Fliess. Em 1909, Freud acrescentou uma nota de pé de página razoavelmente enganosa ao relato do sonho de Irma, dizendo que com o tempo tornara-se claro que o desconforto gástrico de Irma, pelo qual ele temia ser responsabilizado, era devido a cálculos na vesícula — mas sem mencionar a base concreta da dor na garganta (ou no nariz). Ainda em 1937, dois anos antes de sua morte, Freud escreveu sobre o caso Eckstein como uma análise bem-sucedida de uma histérica, mesmo sabendo que sua paciente tivera uma recaída e passara uma década ou mais como uma inválida presa ao leito.

Em *A Interpretação dos Sonhos*, Freud indica que ocultou uma parte da análise de "A Injeção de Irma", presumivelmente as raízes do sonho nos seus desejos incestuosos da infância. Sem conhecer esse conteúdo, talvez nos sintamos inclinados a resistir a essa investigação adicional. A preocupação imediata por trás do sonho é tão poderosa que, se acreditamos que os sonhos são significativos, vamos querer dizer que, no sentido mais importante, esse sonho é adequadamente explicado sem referência à sexualidade infantil.

Pondo de lado os detalhes do sonho e a questão do incesto, é possível querer reconhecer um tema na vida de Freud, o da ambição e medo da humilhação. Podemos traçar uma linha desde as profecias de grandeza ao ato de urinar no quarto de dormir, ao chapéu do pai e, mais tarde, à série de tropeços de Freud por querer dar um passo maior que as pernas. O que está em risco se estende, mais além da reputação, até a identidade ou valor próprio. Em vez de provar ser o herói que sua mãe esperava, Freud se revelará o estabanado que o pai predisse que ele seria ou o estabanado que o seu pai era. A ansiedade de Freud com o caso Eckstein tem raízes no seu desenvolvimento na infância.

É tentador, hoje em dia, pôr de lado a ciência fracassada e admirar *A Interpretação dos Sonhos* como uma das grandes obras de autobiografia, junto com as de Benjamin Franklin e Benvenuto Cellini. Mas, nesse caso, o livro de Freud redefine o que uma autobiografia deve ser — como devemos explicar uma vida.

Há, para começo de conversa, o complexo de Édipo. Talvez seja menos universal do que Freud imaginava, e seus elementos menos extremos. Ainda assim, Freud abriu a porta para uma discussão franca sobre as emoções desagradáveis na infância e as rivalidades intensas na vida da família. Mesmo entre pais e filhos, prevalecem os sentimentos misturados.

Além disso, há os muitos mecanismos mentais a que Freud deu o nome. *Deslocamos* ou *transferimos* emoções; os sentimentos que surgem *aqui* são aplicados *ali*. *Compactamos* ou *condensamos* cadeias de pensamento, compactando-as em palavras ou imagens simbólicas. Idéias inaceitáveis são *reprimidas*, ou talvez postas de lado, para somente reaparecerem em forma alterada. A mente não é unitária. Certos fenômenos mentais têm uma base *dinâmica*, emergindo de uma interação vigorosa de aspectos opostos da mente. Esses conceitos perderam o seu papel na nossa interpretação do sonho. Mas o fato de Freud listá-los estabelece um novo padrão para a espécie de investigação que queremos fazer ao examinar o self.

E *A Interpretação dos Sonhos* é um ataque mais eficaz à pudicícia sexual do que os relatos variados de Freud sobre a histeria. Freud vê símbolos sexuais por toda parte. Aqueles que não são imediatamente visíveis podem ser alcançados por meio da associação. Um sonho sobre velas leva a uma canção báquica de estudantes sobre a rainha da Suécia se masturbando. Freud continua diretamente: "Algum simbolismo transparente estava sendo usado nesse sonho. Uma vela é um objeto que pode excitar os órgãos sexuais femininos." Um casacão é um preservativo; uma caixinha é a vagina. Freud não se sente constrangido e é, como sempre, franco. O sexo não está apenas presente no sonho, é a causa do sonhar, assim como é a força instigadora no desenvolvimento da criança. A nossa vida mental é construída sobre o sexo.

Freud havia chegado a uma formulação que possuía um apelo enorme numa era em que a vanguarda — na ficção, no teatro, na arte — exigia uma nova aceitação da sexualidade. Em *A Interpretação dos Sonhos*, Freud oferecia uma discussão ousada de questões íntimas que constituía um ataque à reticência e à piedade vitorianas ou dos Habsburgo — forças, deve-se dizer, que já estavam se retirando. Essa combinação sinérgica, a psicologia como crítica social, permitiria que a psicanálise se tornasse um movimento.

VII

Consolidação

Mais uma vez, Freud mostrou-se amargo com a reação a seu novo livro, apesar de ela ter sido respeitosa. Um jornalista austríaco escreveu sobre "a busca incomumente honesta da verdade" empreendida por Freud. A reação do leitor, disse ele, foi um "sentimento estranho de ser, durante grande parte da sua vida, entregue a um poder obscuro que arbitrariamente faz o que quer conosco". *A Interpretação dos Sonhos* vendeu apenas 75 exemplares por ano durante oito anos, mas um ensaio curto, *Sobre Sonhos*, teve mais êxito. Juntos, os dois livros provocaram 28 resenhas. Freud estava ganhando atenção e começando a atrair seguidores, médicos vienenses interessados em praticar pioneiramente uma nova forma de tratamento e abertos para discutir o seu próprio desenvolvimento sexual com os colegas.

Enquanto isso, Freud tentava integrar a sua teoria do sonho no que fora o principal corpo de seu trabalho anterior, sobre as origens da histeria. Na metade da década de 1890, ele prometera apresentar um material clínico detalhado que substanciaria as suas visões. Agora ele se propunha a fazê-lo empregando o seu método de interpretação de sonho na prática clínica.

Freud escreveu sobre uma jovem atraente, a quem deu o nome de "Dora". Dora era Ida Bauer, a filha de um fabricante bem-sucedido que consultara Freud por causa de sintomas psicológicos resultantes da sífilis. Um amigo da família e contemporâneo dos pais, Hans Zellenka (no relatório, "Herr K."), é que havia enviado o pai a Freud. Quando a filha se tornou cada vez mais neurótica — com depressão, uma tosse nervosa e acessos de incapacidade de falar —, o pai a encaminhou primeiro para a eletroterapia e depois para a psicanálise. Com 15 anos, Ida Bauer tinha decidido interromper o trabalho com Freud. Depois, em 1898, aos 17 anos, o pai a forçou a fazer o tratamento.

A origem da ansiedade da filha era clara para o pai. Ela contara à mãe, uma mulher fracassada, que num passeio pelas margens do lago no verão, Zellenka fizera "uma declaração de amor" — embora ele o negasse. Essa aproximação teria ocorrido quando Bauer tinha 15 anos. (Em todo o seu relatório, Freud acrescenta um ano à idade da moça.) Na análise, Ida Bauer revelou uma tentativa de aproximação anterior. Quando tinha 13 anos, Zellenka beijou-a à força. No intervalo até a análise, as atenções de Zellenka tinham se tornado constantes — mas eram ignoradas pelo pai, que estava tendo um caso amoroso com a mulher de Zellenka. Freud escreveu que Bauer "costumava ser dominada pela idéia de que fora entregue a Herr K. como o preço para que ele tolerasse as relações entre seu pai e a mulher dele...".

Não parecia haver mistério nesse ponto. Abandonada pelos pais, forçada sexualmente e tendo nascido (conforme Freud documentou) numa família em que sintomas psiquiátricos eram comuns, Bauer contraiu o que Freud chamava um "caso de *petite hystérie*".

Mas Freud esperava explicar os sintomas particulares em seus próprios termos, como desejos sexuais reprimidos. Pelo relato de Freud, ao ser beijada por Zellenka, a Bauer de 13 anos devia ter experimentado uma excitação genital. Freud acreditava que Bauer havia sentido o pênis de Zellenka pressionado contra ela. Em vez de reconhecer o seu desejo, ela havia deslocado a sensação, invertendo a excitação em aversão. O resultado (mediado também pelo conhecimento do sexo oral, plausível numa colegial) eram sintomas na boca e na garganta, como tosse e perda da voz. Freud não aceitava a insistência de Bauer em que ela não nutria sentimentos românticos em relação a Zellenka. "E como poderia uma menina apaixonada", pergunta Freud a respeito da declaração de amor às margens do lago, "sentir-se insultada por uma declaração de amor feita de um modo que não foi nem indelicado nem ofensivo?" *Bauer* é que era cúmplice do caso amoroso de seu *pai*, permitindo que continuasse para que ela não pudesse ser repreendida pela sua intimidade com Zellenka!

Esse trabalho de detetive é exposto numa narrativa tipicamente magistral, envolvendo as personagens habituais, sem excluir uma governanta apaixonada pelo pai de Bauer. Os sonhos de Bauer incluem um estojo de jóias, que Freud interpreta como uma vagina. ("Sabia que você diria isso", é a resposta de Bauer. Freud desvia a pergunta: "Isto é, você sabia que *era* assim.") Freud sugere que o sonho revela um profundo amor por Zellenka — o que Bauer mais uma vez nega. Na verdade, Freud imagina um trio de homens por quem Bauer nutre desejo: o pai (Bauer também nega essa interpretação), o amigo do pai e o psicanalista. Freud escreve: "Cheguei à conclusão de que provavelmente lhe ocorrera certo dia, durante uma sessão, a idéia de que gostaria de receber um beijo meu." Quando os sintomas de

Bauer não melhoraram, e quando depois de três meses ela termina o tratamento, Freud atribui os problemas a esse desejo sexual e a uma conseqüente intenção de frustrá-lo deixando a análise incompleta.

Tão incomodado ficou Freud que, quando sua jovem paciente o procurou 16 meses mais tarde, por causa de uma neuralgia facial, ele se recusou a tratá-la. Nesse meio-tempo, Bauer fizera progressos próprios, enfrentando os Zellenka. Ela conseguiu que Zellenka admitisse que lhe fizera uma declaração de amor, enquanto a mulher admitia tacitamente o caso amoroso com o pai de Bauer. Freud escreveu que, embora não quisesse continuar o tratamento de Bauer, "prometia perdoá-la por lhe ter roubado a satisfação de proporcionar a ela uma cura muito mais radical para os seus problemas".

Em nenhuma outra história de caso, a imagem de Freud parece pior. Bauer procura Freud em busca de ajuda, e ele lhe diz que ela deve reconhecer o seu desejo pelo seu molestador. Patrick Mahony, um analista que tem contribuído com livros cheios de admiração a respeito de Freud, escreveu que o relatório Dora é "um dos exemplos mais notáveis já publicados da rejeição de um clínico em relação à sua paciente; uma evidência espetacular, embora trágica, do abuso sexual de uma jovem, e a desculpa desse abuso dada pelo seu próprio analista; um caso eminente de associações forçadas, lembranças forçadas, e talvez vários sonhos forçados..." O narcisismo de Freud é exibido num nível penoso. Ele desaponta a sua paciente e faz parecer que ele é a parte injuriada. É um tributo ao talento de Freud como contador de história que esse exemplo de pôr a culpa na vítima tenha permanecido mais ou menos sem questionamento entre a sua publicação, em 1905, e a metade da década de 1960, quando as teorias de desenvolvimento de Freud e suas atitudes para com as mulheres passaram por um novo escrutínio.

Mas, como em cada um dos desastres de trem de Freud, há muita coisa que vale a pena salvar. A autojustificação de Freud baseia-se num novo conceito: a transferência. Durante a terapia, o analista descobrirá que foi colocado no papel de outras pessoas importantes para o paciente, muito freqüentemente o pai, assim como esse era percebido nos primeiros anos de vida do paciente. Embora a transferência possa interferir no tratamento — nesse caso, Freud diz que causou a fuga da paciente —, ela apresenta uma oportunidade. A transferência traz as atitudes neuróticas para o consultório, onde elas podem ser interpretadas.

Freud reconhece que a transferência apresenta dificuldades especiais. É sutil, de modo que, ao buscá-la, o terapeuta corre "o risco de fazer inferências arbitrárias". Freud acreditava que Bauer o havia transformado numa variante de Zellenka. A terapia poderia ter sido salva, acreditava Freud, se a transferência tivesse sido interpretada: "Você ficou impressionada com alguma coisa em mim [...] que atraiu a sua fantasia, como aconteceu antes com Herr K.?" Freud escreveu que foi por não ter interpretado a transferência que Bauer "fez um *acting out* de uma parte essencial de suas recordações" e abandonou o tratamento, assim como havia saído da casa de Zellenka — por vingança, porque seus impulsos sexuais reprimidos haviam sido frustrados.

Como Freud parece teimoso! Bauer não pode transferir um desejo que não possui. Ela abandona a terapia porque

Freud é mais uma figura de autoridade que não cumpriu os seus deveres de escutar e proteger. A interpretação que Freud lamenta não ter empregado teria acrescentado um insulto à injúria.

Mas se a transferência é mal empregada nesse caso, ainda assim a idéia é pioneira. Parte do que torna o encontro terapêutico valioso é que ele evoca sentimentos e atribuições que colocam o paciente com dificuldades em outro lugar. Com bastante freqüência, Freud consegue realizar esse truque, justapondo a cegueira em relação ao paciente à sua frente com a visão a respeito das pessoas em geral. A noção de "acting out" — a expressão, no comportamento e não nas palavras, de fantasias e conflitos — aparece de maneira semelhante.

À época de seu trabalho com Bauer, Freud havia ultrapassado a atenção "descascar cebola" concentrada nos sintomas e começado a pedir que seus pacientes falassem o que quer que lhes viesse à mente. Em teoria, se não na prática, Freud tinha estabelecido o consultório como um fórum para uma auto-investigação livre. E, com o caso Dora, o modelo de uma interpretação psicanalítica havia sido determinado. Ele liga o conflito patogênico (pelo relato de Freud, o desejo pelo amigo da família) com seu precursor infantil (o amor sexual semelhante pelo pai) e sua recrudescência na terapia (o desejo de ser beijada pelo médico). Mais uma vez, Freud parece inteiramente equivocado. Ainda assim, ele teve o gênio de imaginar o ideal platônico de uma terapia. Os relatos dos tratamentos fracassados realizados por Freud contêm uma descrição cada vez mais rica da psicanálise.

A monografia Dora representou um novo nível de abertura, na obra de Freud, sobre os pensamentos e práticas sexuais. Além das fantasias incestuosas e da felação, a homossexualidade entra na discussão por meio de uma consideração dos supostos sentimentos de Bauer pela esposa de Zellenka — e aparece como um elemento comum, concomitante à puberdade, como uma fase psicossexual. As pulsões sexuais inaceitáveis não são apenas a matéria-prima dos sonhos. Elas estão constantemente presentes, como motivadores em todo estágio da vida.

E o trabalho de Freud com Bauer talvez tenha tido algum mérito. Ela parece corajosa — uma lutadora. É possível que o encontro com Freud lhe tenha feito algum bem, animando Bauer a enfrentar outros adultos concentrados apenas em seus próprios interesses.

A Interpretação dos Sonhos tinha aberto uma brecha no pensamento de Freud. O caso Dora estendia o seu alcance até a prática clínica. Freud tinha também outro território em mente. Afinal, a estrada régia para o inconsciente não era o sonho, mas a sua interpretação. Um processo semelhante, argumentava Freud, poderia ser aplicado a outros fenômenos mentais aparentemente absurdos: esquecimentos, lapsos de língua, equívocos na ação e chistes.

Duas extensões de *A Interpretação dos Sonhos* merecem ser mencionadas: *A Psicopatologia da Vida Cotidiana*, que apareceu em 1901, e *Chistes e Sua Relação com o Inconsciente*, de 1905. Apesar de todas as suas generalizações, *A Interpretação dos Sonhos* lidava com um estado estranho, o sonho durante o sono, e muitos de seus exemplos provinham do tratamento de pacientes. O caso Dora também dizia respeito à doença. Os novos livros pretendiam examinar o natural e o normal.

As substituições de palavras, por exemplo, são universais. Em vez de *abrir* o que prometia ser uma sessão tempestuosa, o presidente de um parlamento austríaco, relata Freud, declarou que, como havia quorum, a reunião estava então *fechada*. Como os sonhos, conclui Freud, os lapsos de língua expressam desejos.

O principal exemplo de Freud diz respeito a seu próprio lapso mental. Numa viagem pelo sul da Europa, Freud andara procurando o nome do pintor de um afresco italiano, *Quatro Últimas Coisas*. Incapaz de lembrar Signorelli, Freud pensou em Botticelli e depois em Boltraffio, um artista mais obscuro.

A conversa em andamento versara sobre a confiança que os turcos que vivem na Bósnia e na Herzegovina depositam em seus médicos. Dado um diagnóstico sem esperança, os pacientes respondem: "*Herr*, o que dizer?" Mas os turcos também são especialmente interessados pela potência sexual. Um paciente turco dissera a seu médico: "*Herr*... se *isso* chegar ao fim, a vida não vale a pena." A discussão ameaçou levar Freud a se lembrar de um fato incômodo. Um paciente seu com um distúrbio sexual incurável havia recentemente cometido suicídio. Freud recebera a notícia numa pequena vila chamada Trafoi.

Foi para desviar a conversa que Freud dirigira a discussão para Signorelli. Mas o pensamento reprimido sobre a morte e a sexualidade reapareceu num esquecimento e numa substituição. O *-elli* foi mantido (em Botticelli), mas o *Signor* — a palavra italiana para *Herr* — perdeu-se, e um *Bo* de Bósnia foi inserido. O erro é uma espécie de sintoma. Esse era formado por um meio-termo entre a palavra que Freud desejava conscientemente lembrar, Signorelli; a cadeia de sílabas, começando com *Herr*, que causou o conflito mental; e finalmente a sílaba *traf* (tirada de Trafoi e inserida em Boltraffio), que traía a fonte da dificuldade. A forma desse exemplo é bem típica. Em sonhos, em pequenos erros e em chistes, a mente funciona por meio da estrutura da linguagem. A energia primitiva impulsiona o inconsciente, mas o cérebro estabelece os seus compromissos auto-reveladores em grande parte por meio de trocadilhos.

A nossa reação ao exemplo Signorelli de um "lapso freudiano" dependerá do que estamos inclinados a acreditar sobre a mente. Talvez seja apenas que a "sobrecarga do cérebro" resulte em fala embaralhada. Sem dúvida, se você, ao se confundir, tenta afastar Bósnia, Herzegovina e Trafoi, e simultaneamente procura se lembrar de Signorelli, acaba falando Botticelli e Boltraffio. Mas o lapso de língua dificilmente demonstra que a mente contém um elemento ativo, o inconsciente, que cria condensações capciosas. Freud sabe que o seu tratamento em um paciente sexualmente debilitado fracassou dolorosamente. O que está em questão não é a repressão, mas a desatenção seletiva à ansiedade consciente.

Freud nunca indica como o sexo e a morte — no significado que lhes confere como elementos do complexo de Édipo — modelam a confusão. Ele não pôde afirmar que estava em conflito a respeito da doença sexual de seu paciente. As inadequações sexuais de pacientes eram não só um ponto de partida para a psicoterapia, mas também um tema de conversa franca com os colegas. Freud tampouco sugere que se sentia culpado pelo "episódio melancólico". O que está muito evidentemente em jogo é o constrangimento profissional em curso.

Mas a *Psicopatologia* é menos uma contribuição independente do que uma longa nota de pé de página para *A Interpretação dos Sonhos*, uma ilustração prática adicional de uma teoria da mente que Freud considera estar bem estabelecida. *Chistes* serve a um objetivo semelhante, talvez com menos êxito. É uma coletânea enciclopédica de humor, em grande parte jogo de palavras, que não resistiu ao teste do tempo. A explicação de Freud para o objetivo e a técnica dos chistes contém temas familiares. Os chistes são freqüentemente tendenciosos. Eles envolvem hostilidade, especialmente a respeito de questões sexuais. Como os sonhos, os chistes encarnam ou revelam os funcionamentos da mente, como o deslocamento. O nosso prazer com o chiste provém da sua capacidade de escapar do censor, à maneira dos símbolos nos sonhos, para que os insultos irrompam na consciência.

Há algo maravilhoso no fato de uma grande mente se curvar para considerar material mundano. Freud conta chistes sujos e chistes de judeu — muitos chistes de judeu, exibindo toda crítica feita aos judeus. (Eles tomam banho uma vez por ano, quer precisem, quer não.) Vamos, vamos, ele insiste — nós falamos dessas coisas todos os dias.

Essas obras secundárias projetam uma longa sombra. Legitimam a atenção intelectual ao trivial e ao mundano. Vemos nesses livros as sementes da sensibilidade modernista, pela qual os selins de bicicleta podem se tornar arte e a luta livre é material adequado para análise estrutural.

Ao mesmo tempo, há excesso nesse ponto — como acontece com um parente que conta chistes sem parar e depois os explica. Indo além do que é requerido para a sua teoria, Freud cataloga variedades de humor. Estamos lidando com um homem que sente prazer de um modo obsessivo, até mecânico? Contrabalançando essa estranheza, percebe-se que o prazer é genuíno. Coligir e arranjar o material é um trabalho de amor.

De um modo mais geral, Freud está cheio de contradições — amoroso e rígido, independente e ansioso. É um dedicado homem de família, escrevendo a Fliess quase diariamente sobre as realizações de seus filhos, à medida que amadurecem. Mas ele passa pouco tempo com os filhos durante a semana de trabalho. Eles o vêem principalmente durante as refeições, quando ele aparece por último, depois que os outros já estão à mesa. O grande período de contato com os filhos é durante as férias — exceto, como nesses primeiros anos, quando Freud está imerso num projeto. Freud é devotado a Martha, mas a sua confidente mais íntima é a irmã mais moça da esposa, Minna — ela mora com eles —, que Freud considera mais viva e mais intelectual que a sua mulher. É somente nas viagens para as montanhas que Freud tem a sua família mais próxima. (Ele é um andarilho experiente e um coletor talentoso de cogumelos.) Quando vai ao Mediterrâneo, Freud viaja sozinho ou com companheiros seletos, como Minna ou o seu irmão Alexander. (Nadando, Freud prefere o nado de peito, para manter a barba seca.) Os lugares de destino podem ser tema de fobias. Freud não visitará Roma até se sentir — depois de completar *A Interpretação dos Sonhos* — ele próprio um conquistador. Embora goste de viagens e veja a si próprio por meio de metáforas, Stanley explorando a África, Freud é tão ansioso que chega à plataforma da estação uma hora antes da partida e, ainda assim, freqüentemente perde bagagem ou deixa de embarcar no trem.

Em casa, a rotina de Freud admite poucas variantes. Freud se levanta às sete e vê os pacientes a partir das oito. As sessões duram 55 minutos, com cinco minutos de intervalo para o chá. Freud não toma notas. O primeiro conjunto de sessões termina a uma hora. Cinco minutos depois da hora, Freud reúne-se à família, já sentada à mesa, para o almoço. Depois da refeição, ele caminha pela cidade, freqüentemente entregando um manuscrito. A charutaria fica no caminho. Escrupuloso quanto à sua aparência, Freud faz uma parada diária para ter a barba aparada. As antiguidades são a sua paixão. De duas em duas semanas, um negociante lhe traz objetos para inspeção. Às três horas, Freud oferece consultas a pacientes sem hora marcada. Às quatro, recomeçam as horas psicanalíticas. O jantar com a família é às sete, seguido mais uma vez por uma caminhada, às vezes com Martha e um dos filhos. Depois, mais tempo no escritório, para a correspondência. As escritas sérias — livros e artigos — começam às 11 da noite e terminam às duas da madrugada. Freud compõe fluentemente. Ele não revisa, mas descarta rascunhos insatisfatórios. Quando um livro é terminado, ele começa a trabalhar no próximo. Cai no sono assim que a cabeça bate no travesseiro e desperta espontaneamente cinco horas mais tarde.

Aos sábados, Freud dá aulas na universidade. Ele elabora as palestras enquanto caminha, e profere-as de improviso em parágrafos perfeitos. A única diversão constante é a *Tarockexzess* de Freud, uma afeição por um jogo de cartas nas noites de sábados, o tarô, com amigos de B'nai B'rith. Aos domingos, os seis filhos recebem atenção, talvez com uma caminhada a um museu. Freud chama seus livros de "filhos de domingo", querendo dizer que só escreverá o que quiser, por prazer e sem prazo, uma expressão que reflete a liberação que sente no tempo reservado para a família.

As reuniões B'nai B'rith reais são às terças-feiras. Freud comparece com freqüência, para estar num "círculo de homens seletos de elevado caráter que me recebiam num espírito amistoso apesar da minha temeridade". De um modo geral, a sua vida privada o protege das controvérsias que os seus escritos despertam.

A essa rotina, em 1902, foi acrescentada a Sociedade Psicológica das Quartas-feiras. Foi estabelecida por sugestão de um colega que fizera recentemente um tratamento com Freud por um problema de impotência. A sociedade correspondia a um sonho de Freud. Ele sempre havia imaginado a psicanálise como um movimento. Quando ele e Fliess estavam partilhando suas idéias sobre a estrutura da mente, Freud se referia a seus encontros como "congressos", como se os dois fossem representantes de um corpo internacional. Quando a relação com Fliess esfriou — terminaria em 1904, numa discussão sobre o fato de Fliess reivindicar a autoria exclusiva de uma teoria de bissexualidade universal —, Freud substituiu-a por um círculo de admiradores.

As idéias de Freud eram bem conhecidas no âmbito local. Quando a Sociedade Médica Vienense produziu um pastiche de *O Doente Imaginário*, de Molière, a encenação incluía uma paródia de Freud, na forma de um charlatão que proclamava:

> Se o paciente amava a sua mãe, esta é a razão para sua neurose; e se ele a odiava, esta é a mesma razão para a mesma neurose. Qualquer que seja a doença, a

> causa é sempre a mesma. E qualquer que seja a causa, a doença é sempre a mesma. E assim é a cura: vinte sessões de uma hora a 50 kronen cada uma.

A notoriedade de Freud se devia tanto a suas palestras públicas como a seus escritos. Um público diverso comparecia a suas aulas na universidade. (A futura líder radical Emma Goldman assistia às palestras, quando estudou obstetrícia em Viena. Ali ela teve a sua primeira compreensão do "pleno significado da repressão do sexo e seu efeito sobre o pensamento e a ação humanos".) O estilo de Freud era insinuantemente arguto. Ele era alternadamente oblíquo e pomposo, e sempre condescendente com as nulidades que queria demolir. O brilho à maneira de Holmes estava em evidência. Certa vez um ouvinte levantou-se para discutir um experimento de associação de palavras, escolhendo um exemplo em que *cavalo* evocava a resposta *biblioteca*. Freud interrompeu: "Se não me engano, você não é um ex-oficial da cavalaria que escreveu um livro sobre a psicologia do cavalo?" Quando o homem admitiu esses dados, Freud passou a discutir o determinismo psíquico. Nenhum produto da mente é aleatório.

O grupo das quartas-feiras era formado em grande parte com o público das palestras. A sociedade começou com cinco membros, todos médicos. O mais eminente era Alfred Adler. Ativista social conhecido por seu trabalho na medicina industrial, ele havia escrito sobre doenças comuns aos alfaiates. O número de membros logo aumentou para vinte. A *intelligentsia* era bem-vinda: músicos, artistas, editores e educadores.

Sabemos pelas suas cartas que Freud sentia desprezo por muitos dos membros. Era, ainda assim, um anfitrião cordial. Max Graf, um musicólogo, lembra uma rotina invariável nos encontros: a apresentação de um trabalho; um intervalo para bolos, café e cigarros; uma discussão; e a última palavra decisiva de Freud. "Havia uma atmosfera de fundação de uma religião naquela sala. O próprio Freud era o novo profeta que fazia os métodos de investigação psicológica até então predominantes parecerem superficiais."

O tópico discutido no primeiro encontro foi o significado psicológico de fumar. O sexo era o tema mais freqüente, e muitos membros contribuíam com relatos autobiográficos. As questões sociais eram tão importantes para a discussão quanto as teorias da mente. O teor não era uniformemente progressista. Ainda em 1907, os membros escutaram uma crítica às mulheres como psiquiatras, com Freud concordando, "é verdade que uma mulher nada ganha estudando".

Freud logo se sentiu desconfortável com o tom democrático dos encontros. Em 1908, ele dissolveu o grupo, restabelecendo-o como a Sociedade Psicanalítica de Viena. Usou a oportunidade para lembrar aos membros que a função da organização era promulgar as suas próprias visões. Com tantos homens ambiciosos presentes, foi impossível impor a conformidade. Adler, por exemplo, passou a ver o complexo de Édipo como simbólico, um substituto para o relato mais geral da necessidade de um filho alcançar autonomia em relação a seus pais.

E depois houve a questão Carl Jung. Alto, loiro, belo, com boas relações sociais, suíço e cristão, ele despertou em Freud esperanças de um movimento internacional que se espalharia além de suas origens judaicas vienenses. Freud tendia a se ligar fortemente com um amigo do sexo masculino de cada vez — Breuer e Fliess são exemplos. No seu devido tempo, Freud se sentia maltratado e terminava a amizade agastado. Vinte anos mais velho que Jung, Freud imaginava que suscitaria nele a lealdade que um filho grato teria para com seu pai. Ainda assim, a amizade seguiu o modelo.

Jung tinha discordado de Freud desde o início. Ele nunca acreditou que a origem da histeria fosse inteiramente sexual. E compreendia que doenças mentais graves, como a esquizofrenia, surgiam de anomalias biológicas no cérebro que então revelavam o inconsciente — um desvio significativo da tendência de Freud a dizer que, na maioria dos casos, o conflito inconsciente causava a psicose. As ambições de Freud o levavam a desconsiderar esses defeitos, e muito mais.

Em 1909, Freud ficou sabendo que Jung começara uma ligação amorosa com a sua primeira paciente psicanalítica, uma jovem talentosa mas psicótica. Jung acusava a paciente, Sabine Spielrein, de tê-lo seduzido. Freud concordava. Jung então confessou que fora ele o sedutor. Freud objetou, escrevendo: "Não foi ato seu, mas dela." Quando as mulheres foram admitidas na Sociedade Psicanalítica de Viena — a partir de 1910, sob a liderança de Adler —, Spielrein foi introduzida no grupo. As suas apresentações, que propunham as teorias biológicas de Jung, desagradavam Freud.

Enquanto isso, também em 1910, Freud organizou a Associação Psicanalítica Internacional, a ser presidida por Jung, uma escolha que ofendeu os membros do grupo de Viena. Adler renunciou, levando colegas com ele e formando uma associação independente. Freud estava obcecado por Jung, vendo-o alternadamente como o futuro da psicanálise e como um traidor.

Freud era mau juiz do caráter das pessoas e um político desajeitado. Jung mostrou ser instável e egoísta, e ainda assim Freud lhe confiou poder e depois esperou lealdade absoluta. Com o tempo, Jung sofreria uma ruptura psicótica, adotaria outra paciente psicótica como amante, e, finalmente, na era nazista, faria incursões oportunistas no anti-semitismo. (Ele escreveu: "O inconsciente ariano tem um potencial mais elevado que o judeu.")

Em geral, os subalternos de Freud tendiam a ser brilhantes e erráticos. A maioria tinha distúrbios de humor recorrentes, depressão ou depressão maníaca. Não só Jung, mas vários membros do círculo íntimo de Freud tiveram um envolvimento amoroso com suas pacientes.

A influência de Freud se espalhou em parte devido à dedicação de seus acólitos, que tomavam como sua missão fazer prosélitos e abafar a dissidência. Porém, mesmo os colegas que se voltaram contra Freud expandiram o alcance da psicanálise. O foco de Adler no "complexo de inferioridade", uma teoria sobre a dialética entre a grandiosidade e a baixa auto-estima, mostrou-se atraente, assim como a abordagem mais mística de Jung, centrada no papel do mito. O sucesso de seus competidores posicionava Freud como o primeiro, entre muitos, numa profissão com uma esfera de influência cada vez mais ampla.

VIII

Remorso

Os seguidores de Freud estavam ansiosos por conhecer mais histórias de casos. Freud, que refinava seus métodos, mostrava-se disposto a satisfazer os seus desejos. Mas parece que, nos oito anos desde o fracasso com Dora, ele não levara nenhuma análise a uma conclusão bem-sucedida. O Primeiro Congresso Psicanalítico Internacional foi marcado para abril de 1908, em Salzburgo. Incluía figuras que logo alcançariam seu próprio renome: Ernest Jones, de Londres; Karl Abraham, de Berlim; Sándor Ferenczi, de Budapeste; e Jung, de Zurique. Procurando um tema, Freud tentou propor uma colaboração com um membro do grupo das quartas-feiras. Freud andara atuando como supervisor num tratamento informal que Max Graf estava realizando com seu filho pequeno.

Graf se decepcionaria mais tarde com o movimento analítico. Mas, em 1908, ele e sua esposa, a ex-paciente de Freud Olga Hönig, eram adeptos. Foi Freud quem encorajara os dois a se casar. Eles tiveram um filho, Herbert, então com quase 5 anos, e uma filha ainda bebê, Hanna. Não muito tempo depois do nascimento da irmã, Herbert havia desenvolvido um medo de cavalos. Ele se preocupava que um cavalo poderia morder ou cair por terra, ansiedade que logo se estendeu a um receio de sair de casa.

Graf e Hönig tinham querido criar os filhos segundo princípios analíticos, com franqueza sexual e poucos castigos, mas Hönig tinha dificuldade em seguir o plano. Quando o filho mexia no pênis, entre os 3 e os 4 anos, ela ameaçava que mandaria o médico cortá-lo fora.

Essa história apareceu ao longo das conversas de Graf com Freud, que mais tarde escreveu as consultas de Graf como um estudo de caso, chamando Herbert de "pequeno Hans". Uma narração cativante — na tradução inglesa padrão, Hans e seu pai falam com uma formalidade afetuosa —, o caso do pequeno Hans é às vezes apresentado como evidência de progresso na abordagem dada por Freud ao tratamento. Nos pontos em que se precipitara a tirar conclusões no caso Dora, Freud agora alertava Graf a escutar com paciência. Mas Freud não respeitava muito os limites do seu papel de conselheiro. Ele logo disse a Graf para informar o filho de que a ansiedade a respeito dos cavalos era absurda; ele os temia por causa de seu interesse pelo pênis dos cavalos, e ele queria ser acolhido na cama da mãe! Quando o pai e o filho o visitaram no escritório, Freud gabou-se diante do pequeno Herbert de que, muito antes do seu nascimento, ele, o médico, já sabia que o menino "gostaria tanto da mãe que estava fadado a ter medo do pai por causa disso".

O pai era um cúmplice ansioso, saltando a conclusões de acordo com sua compreensão das teorias de Freud. Quando Herbert falou de suas preocupações a respeito de um cavalo que mordia, Graf interpretou: "Olhe, ocorre-me que você não quer dizer um cavalo, mas um pênis no qual não se deve pôr a mão." Muito sensatamente, o menino protestou: "Mas um pênis não morde." Freud reorientou a interação. Ele acreditava que os cavalos simbolizavam o pai, que poderia atacar o filho ou (assim como os cavalos podiam cair por terra) morrer.

Durante todo o tratamento, as interpretações de Graf tiveram uma recepção mista. Herbert temia os banhos públicos. Graf fez o filho falar sobre a questão, discutindo sobre as banheiras em casa e a hostilidade do menino para com a irmã. Graf sugeriu: "Quando estava vendo a mamãe dar banho em Hanna, quem sabe você não desejou que ela largasse Hanna e deixasse a sua irmã afundar na água?" Herbert assentiu, e mais tarde o pai continuou: "E então você ficaria sozinho com a mamãe. Mas um bom menino não deseja esse tipo de coisa." Não demonstrando nenhum sinal de conflito profundo, Herbert respondeu: "Mas ele pode *pensar* nisso." Um momento mais tarde, Herbert insistiu: "Se ele pensa nisso, *é* bom mesmo assim, porque aí você pode escrever o que ele disse para o professor." Parece que Herbert foi mais um paciente que sabia o que agradava ao médico.

O pai e o filho conseguiram ter conversas divertidas sobre urina, excremento, pênis, masturbação e assassinato. Até os nossos dias, há algo reconfortante sobre a janela que as notas do caso abrem sobre tópicos caros a meninos. No final do tratamento, Herbert estava disposto a fazer caminhadas, desde que pudesse ter sempre a casa ao alcance dos olhos, mantendo uma linha de retirada. Graf interpretou essa ansiedade restante como um desejo pela mãe — mesmo que a fobia tivesse se estendido a caminhadas com a mãe.

Freud dava grande valor ao progresso modesto de Herbert. O caso apontava para a possibilidade de psicanálise com crianças. Embora o que Herbert admitia fosse principalmente a rivalidade entre irmãos, algo que estava facilmente ao alcance da consciência, Freud acreditava que o caso confirmava a sua teoria de que as fobias surgem das preocupações do Édipo. As dificuldades do menino pareciam a Freud um argumento a favor dos benefícios do esclarecimento sexual numa idade bem tenra — Freud desejava que os pais tivessem contado a Herbert sobre vaginas e cópulas. E, apesar da satisfação de Herbert com a agressão e seu desejo manifesto de mais intimidade com a mãe, Freud usou a análise para apresentar suas visões sobre os efeitos malignos da repressão "civilizada" dos instintos. Por fim, o ensaio do pequeno Hans é crítica social.

Mas Freud compreendia que, como corroboração, o tratamento tinha suas fraquezas. Ele escreveu:

> É verdade que, durante a análise, muitas coisas tiveram de ser ditas a Hans, coisas que ele próprio não poderia dizer, muitos pensamentos tiveram de lhe ser apresentados, idéias que até então não havia demonstrado sinal de possuir, e sua atenção teve de ser orientada na direção da qual o pai esperava que surgisse alguma coisa. Isso diminui o valor de evidência da análise...

Graf e Freud haviam lutado poderosamente para demonstrar a ansiedade da castração num menino que fora, na realidade, ameaçado pela mãe com a perda de seu pênis.

Quanto às causas mais locais da ansiedade de Herbert, havia muito a considerar. Freud mencionou que a mãe do menino sofrera de neurose. Sob outros aspectos, o relato do caso descreve uma família sadia e com um bom funcionamento. Mas havia uma história de suicídio em parentes colaterais. (A irmã de Herbert também cometeria suicídio.) Olga Hönig era, pelo relato de seu marido, uma mãe distante e rígida. Ele e ela estavam em conflito desde o início do casamento, e divorciaram-se pouco depois da conclusão da terapia. (Como patrocinador de casamentos, Freud parece ter sido convincente, mas sob outros aspectos espetacularmente inepto.) Esses detalhes foram omitidos por Freud. Mas aqueles que ele apresentou também sugerem que Herbert estava enfrentando transições difíceis. Com 3 anos e meio, a irmã havia chegado. Com 4 anos, Herbert foi removido do quarto dos pais. A família mudou de apartamento. E a mãe engravidou pela terceira vez. Quanto a seus temores particulares, revelou-se que Hans tinha testemunhado, nesse período, um acidente de carruagem em que um cavalo caiu por terra.

O relato de Freud sobre a fobia do pequeno Hans foi tomado em seu valor nominal por décadas, até porque, tendo a psicologia freudiana ganhado aceitação, as premissas da análise pareciam óbvias. Os meninos temem a castração, desejam as mães, odeiam os pais — e esse complexo é tão importante que estará na raiz de quaisquer sintomas que apareçam no início da vida ou, na verdade, em quase todas as idades.

Encontrando o relato de um caso paralelo hoje em dia, um observador poderia dizer que, em resposta à intensa atenção de seu pai, e com a passagem do tempo, uma criança vulnerável de 5 anos tornou-se menos tolhida pela sua agorafobia. A frieza da mãe, o esfacelamento do casamento dos pais e a chegada dos irmãos pareciam causas adequadas para a ansiedade. Esse tipo de mudança de explicação é freqüentemente chamado de reducionismo, mas nesse caso o que foi simplificado é um ponto de vista cujos detalhes são implausíveis e desnecessários.

A colaboração de Graf avançou mais lentamente do que Freud havia esperado — terminaria pouco depois do congresso. Assim, Freud passou rapidamente a reunir seus pensamentos sobre uma análise recente. O paciente era Ernst Lanzer, a quem Freud chamava o "Homem dos Ratos".

Lanzer era um jovem soldado atormentado por pensamentos obsessivos que haviam piorado depois da morte de seu pai, quando Lanzer tinha 19 anos. Ele tinha 29 anos quando visitou Freud pela primeira vez, em outubro de 1907. Ciente das teorias de Freud, Lanzer chegou preparado para discutir sexo. Agradava-lhe que a técnica de associação de palavras de Freud se parecesse com o funcionamento de sua própria mente sob a compulsão de suas obsessões.

Lanzer havia experimentado recentemente uma aguda exacerbação de seus sintomas, depois de um encontro com um oficial sádico. Lanzer era contra o castigo corporal. O oficial o defendia. Argumentando suas idéias, o oficial descreveu "um castigo especialmente horrível usado no Oriente". Aplica-se um balde ao traseiro de um homem e coloca-se lá dentro um rato faminto; o rato come o ânus do homem. Quem transformou a ficção em fato não se sabe, mas a história é idêntica à encontrada num livro pornográfico popular publicado em 1899. Lanzer imaginava o procedimento sendo executado na sua futura esposa ou no seu pai — pensamentos que Lanzer tentava desfazer realizando rituais compulsivos.

Depois de anotar a história, Freud concluiu que Lanzer sofria de um distúrbio obsessivo-compulsivo desde os 6 anos. Lanzer fora criado por uma mãe dominadora e obsessiva e por um pai violento. O pai, também militar, batia no filho desde a mais tenra idade, ameaçando-o de morte e castração por causa de travessuras. Aos 3 anos, Lanzer havia procurado consolo numa irmã mais velha, que o envolvera numa brincadeira sexual. Essa irmã morreu antes de Lanzer fazer 4 anos. Durante a doença terminal dela, Lanzer resistiu ao pai durante uma surra. A surra então parou, talvez porque Lanzer se tornou dócil — na sua própria opinião, um covarde.

Como acontece com tantos dos casos de Freud quando apresentados em linhas gerais, esse parece sem mistérios. Um jovem que sofre de uma doença mental desde a primeira infância experimenta uma exacerbação dos sintomas, primeiro depois da morte do pai e mais tarde após o contato com um homem que se parece com o pai na sua crueldade. Havia também outras tensões, inclusive uma tensão comum nos casos de Freud, uma *mésalliance*, ou interesse amoroso que não respeita as fronteiras da classe social.

Mas a abordagem de Freud foi usar os detalhes das obsessões para elucidar o funcionamento da mente. Na sua obsessão, Lanzer produzia uma riqueza de material. Freud escolheu um único tema, originado por um único incidente, como a causa subjacente da doença.

Quando estava para completar 6 anos, especulou Freud, Lanzer devia ter se masturbado de forma vergonhosa e ter sido punido pelo pai. Essa interferência acarretou a fúria edipiana — agressão reprimida por Lanzer contra o pai. Numa terapia repleta de recordações, essa escolha de um evento exemplar era estranha. Lanzer não se lembrava de tal experiência, embora fosse totalmente aberto a confissões. Por exemplo, ele lembrava que a mãe havia interferido em seu hábito de puxar as cobertas para observar o corpo da irmã adormecida.

Procurando causas para a doença mental de Lanzer, Freud minimizou os efeitos diretos de elementos de tensão como a morte da irmã e a fúria do pai. Freud chegou a elogiar o pai, considerando-o "um homem excelente", com "maneiras francas de soldado [...] um senso de humor cordial e uma tolerância bondosa com seu próximo". Freud continuava: "Que ele pudesse ser impetuoso e violento, não era certamente incoerente com suas outras qualidades, mas constituía antes um complemento necessário para elas." No relato de Freud, é Lanzer o agressivo.

Com o complexo de Édipo como um princípio organizador, Freud abordou os sintomas de Lanzer, especialmente os medos relativos a ratos, como se fossem enigmas ou palavras cruzadas. O clímax foi um *riff* [uma frase musical repetida no jazz] extenso sobre *rato* ou *Ratte*. Freud ligava a palavra a *Spielratte* (gíria para jogador, em referência a um comportamento do pai de Lanzer) a *raten* (ou pagamentos de prestações, outra ligação com dinheiro, uma preocupação típica de obsessivos) e a *hieraten* (casar). Freud passou a ligar *ratos* a *crianças* — em criança, Lanzer fora punido por morder —, assim, de novo, o que estava em questão era a agressão de Lanzer. A história da tortura com o rato era inquietante para Lanzer porque "alimentava, até transformá-los numa chama, todos os impulsos de crueldade prematuramente suprimidos, tanto egoístas como sexuais".

Durante todo o tratamento, Freud trabalhou para vencer o que via como resistência de Lanzer à autoconsciência. Lanzer tinha uma compulsão a respeito de dinheiro (pagava a Freud com notas limpas), mas nenhuma a respeito de sexo (gostava de apalpar as partes pudendas de jovens damas, um hábito que começou na infância com as governantas). Freud concluiu que a obsessão por dinheiro era o deslocamento de uma aversão sexual não manifestada. Da mesma forma, a respeito das objeções de seu paciente Freud insistia que a base das obsessões na vida adulta era um novo conflito com o pai (que ele experimentara depois da sua morte) a respeito da noiva escolhida por Lanzer. Na versão de Lanzer, ele era ambivalente sobre a sua noiva, porque ela era infértil, e ele amava crianças.

Freud usou o material do caso de múltiplas maneiras, reforçando uma miscelânea de teorias de estimação. Por exemplo, ele equiparou os ratos escavando o ânus a crianças nascendo, e depois atribuiu a Lanzer a fantasia de que os homens podem ter bebês, uma referência ao conceito de Fliess sobre a bissexualidade universal. Mas o coração da história era a obsessão pelos ratos e suas raízes no pressuposto primeiro conflito com o pai sobre masturbação. Para Freud, a validade de suas interpretações era visível no resultado clínico, "a completa restauração da personalidade do paciente".

O relato de Freud recebeu grande aclamação no congresso. Demonstrava a sutileza do processo terapêutico, no qual o talento do analista vence a tortuosidade do inconsciente do paciente. Jamais houve um desempenho de mais bravura do que o deslindamento das associações da palavra rato, todas ligadas ao suposto drama edipiano. O caso do Homem dos Ratos tomou o lugar de honra no repertório. É o tratamento que Freud discutia com mais freqüência, uma análise completa que resultou numa recuperação completa.

Hoje o status do caso é ligado a outra característica única. Freud tinha o hábito de destruir, uma vez publicado o caso, todos os arquivos clínicos relacionados. Por razões desconhecidas, as notas diárias de Freud sobre o trabalho com Lanzer sobreviveram.

As notas abrem uma janela sobre o comportamento de Freud no consultório. Em vez de esperar que Lanzer fizesse associações com o material, Freud criava ligações e depois as apresentava ao paciente. Referindo-se a nematelmintos, Freud observava: "Se o rato é um verme, é também um pênis. Decidi dizer isso a ele." Essa espécie de intromissão também não era o único desvio da postura analítica neutra recomendada por Freud. Quando Lanzer parecia estar com fome, Freud o convidava a juntar-se à família no jantar, com o resultado de que Lanzer tinha fantasias complicadas sobre a mãe, a esposa e a filha de Freud, que preparavam e serviam a refeição.

O que é ainda mais importante: o arquivo mostra como Freud traduzia o material clínico em histórias de casos. A sua abordagem era mais literária que científica. Freud alterava a seqüência dos acontecimentos para intensificar o drama e dar a impressão de que as suas teorias surgiam do material, e não o contrário. Freud não tinha escrúpulos de criar um sintoma quando fosse necessário. Ele deixou de dar informações sobre a mãe de Lanzer. Pouco importa a pressuposta oposição do pai morto ao par amoroso, a mãe tinha querido outra mulher para o filho. E Freud aumentou o tempo não só de pequenos eventos dentro do tratamento como da análise em geral, para dar a impressão de que as descobertas haviam surgido aos poucos e a terapia tinha sido mais extensa do que foi. As distorções não são muito substanciais. Ainda assim, é melhor ler o relato publicado do Homem dos Ratos como uma descrição do que Freud acreditava que uma análise deveria ser.

E, como de costume, parece que o resultado foi menos definitivo do que Freud indicava. Os historiadores descobriram que o padrão de emprego de Lanzer continuou irregular depois do tratamento. Uma carta de Freud a Jung sugere dificuldades contínuas na vida de Lanzer. Nenhum acompanhamento de longo prazo foi possível. Lanzer morreu em 1914, no início da Primeira Guerra Mundial.

Lanzer teve realmente uma reação à psicanálise — a mais favorável de qualquer um dos pacientes cujo tratamento Freud relatou com detalhes. Lanzer se casou com a sua noiva e terminou os seus estudos. Sua ansiedade a respeito da história dos ratos diminuiu. A razão para a melhora não é clara. Lanzer nunca aceitou a formulação central, a de que fora apanhado se masturbando, mas ele parecia ter gostado do trabalho com Freud.

A pesquisa sobre psicoterapia, realizada na segunda metade do século XX, comenta o poder de "efeitos não específicos", benefícios não relacionados com a terapia ou com métodos particulares que distinguem uma escola de tratamento. As terapias eficazes oferecem apoio, propiciam um projeto partilhado entre o médico e o paciente e encorajam expectativas positivas. O trabalho de Freud com Lanzer foi especialmente rico em fatores não específicos. Freud gostava de Lanzer. Ele lhe enviou um cartão-postal amistoso durante uma breve ausência. Falava bem de seu paciente para outros. Freud e Lanzer eram semelhantes — obsessivos, verbais, modernos na sua abordagem da sexualidade. Os dois formavam uma sociedade de mútua admiração, cada um sendo afirmado no que hoje seria chamado uma "transferência de alter ego". A análise permitiu que Lanzer discutisse os seus sintomas e sentimentos num ambiente que os normalizava como aspectos comuns da experiência humana. Freud acalmava Lanzer, liberando-o para agir.

O trabalho de Freud com os pacientes é coerente. Ele faz pouco uso de elementos de tensão óbvios ou até da realidade concreta externa, como o tropeço real de um cavalo. Logicamente, Freud força interpretações sobre o complexo de Édipo. As associações importantes com o material não são do paciente, mas de Freud. Mas, como a sua imaginação é fértil, Freud faz com que seus pacientes pareçam criaturas convincentes, que possuem camadas subterrâneas criativas na mente. E as suas leituras da vida de família têm o efeito paradoxal de normalizar o comportamento estranho e, pelos nossos padrões, abusivo, subordinando-o à agressão (alegadamente) mais importante que surge dentro da criança e se estabelece na sua mente inconsciente.

A mensagem implícita nas histórias de casos é que somos todos perversos, à nossa maneira. É provável que nada do que relatamos cause surpresa. As nossas pulsões serão sempre mais extremas do que as nossas experiências. A dar ouvidos a Freud, a extravagante idéia sádica do oficial do Exército é brincadeira de criança comparada ao que existe latente no cérebro fértil do Homem dos Ratos — ou melhor, o sadismo é uma brincadeira de criança. No modo como Freud aceita Lanzer em particular, há uma aceitação liberadora da estranheza. Se as terapias de Freud são solipsistas — se ele não parece se aventurar fora da própria mente —, ainda assim ele aceita plenamente os seus pacientes e suas famílias. Aceitando e analisando o violento e o depravado, junto com o incidental e o absurdo, essas histórias contêm a permissão para um século de criatividade rebelde. É um passo pequeno para a adoção do perverso e do sádico como temas apropriados para a arte, um passo pequeno do pequeno Hans e do Homem dos Ratos para Henry Miller e Luis Buñuel.

IX

O Novo Mundo

O *MOMENTUM* DO MOVIMENTO psicanalítico seria evidente primeiro na América. Freud tinha desprezo pelos Estados Unidos. Ele considerava os americanos pudicos, imaturos e pouco sutis. Mas os líderes na medicina americana se interessaram cedo pelos escritos de Freud. Foi na América que a psicanálise teve o seu maior sucesso, saindo da margem para tornar-se a teoria psicológica predominante do século XX e um método padrão de clínica médica.

Os historiadores tentaram compreender esse fenômeno. No momento da primeira e única visita de Freud ao outro lado do Atlântico, no outono de 1909, a psiquiatria americana estava madura para a mudança. Os médicos estavam preocupados com relatórios que mostravam um aumento da doença mental e uma taxa de cura dramaticamente declinante. Se antes metade dos casos reagia ao tratamento, a proporção diminuíra agora para um em cada cinco casos. Várias explicações tinham sido propostas: o influxo de imigrantes com as suas constituições mentais defeituosas, novas tensões devidas à rápida mudança social e complicações provenientes das restrições à expressão emocional das mulheres. Os observadores da cultura tinham notado um aumento na idade de casamento e um novo rigor na moralidade. Havia debates sobre se a repressão sexual poderia ser nociva à mente, e falava-se numa melhor educação sexual das crianças, como uma ação preventiva, junto com propostas para a liberalização das leis do divórcio. Dentro da psiquiatria americana, os cientistas estavam abandonando cada vez mais as explicações somáticas da doença para adotar as psicológicas. O terreno fora preparado para uma nova teoria abrangente que focalizasse as causas e as curas relacionadas com o desenvolvimento sexual e psicológico.

Em particular, a Nova Inglaterra era um local de fermentação. Um movimento quase religioso, o Novo Pensamento, havia popularizado a idéia de que problemas de saúde resultam de um tumulto mental subconsciente. Em ambientes acadêmicos, a "Escola Boston" de psicologia debatia tópicos tão atualizados quanto a influência formativa dos impulsos genitais na infância. Na Clark University, em Worcester, Massachusetts, G. Stanley Hall e Lewis Terman escreviam sobre as primeiras pulsões sexuais, as anormalidades que surgem de interrupções no desenvolvimento psicológico, o papel do inconsciente e as limitações da racionalidade humana. Foi Hall, o presidente da Clark, quem propôs, como uma ocasião para uma série de palestras, que se concedesse um título honorário. Freud o chamava "o primeiro reconhecimento oficial de nossos esforços".

Acompanhado por Jung e Ferenczi, Freud viajou no vapor *George Washington*. Ele ficara ansioso com a expectativa da viagem. Em Bremen, esperando o vapor, Jung falara sobre a escavação de ossos pré-históricos. Interpretando a escolha do tópico como um desejo de morte dirigido à sua pessoa, Freud desmaiou. Mas a bordo, para sua satisfação, Freud viu que o seu criado de bordo estava lendo *A Psicopatologia da Vida Cotidiana*. Freud entusiasmou-se com a aventura. Em Nova York, visitou Chinatown, Coney Island, o Central Park e o Metropolitan Museum of Art, onde contemplou as antiguidades, antes de se dirigir ao norte para as cerimônias. Emma Goldman, que no passado administrara uma sorveteria em Worcester, estava presente quando Freud recebeu o seu título.

Freud proferiu cinco palestras, em alemão, para um público enlevado de médicos e leigos. Freud resumiu a psicanálise por meio de uma revisão histórica, começando com uma versão dramática do caso Anna O., de Breuer, na qual os sintomas pareciam mais graves e a sua recuperação mais definitiva do que no relato original. Na segunda palestra, ele explicou como o conflito entre o desejo e os valores sociais ou morais resulta em repressão. Comparou o desejo reprimido a um membro turbulento do público, que foi retirado da sala de conferências, mas continua a bater na porta. O desejo permanece ativo, impondo formações de compromisso — dando origem a sintomas cuja forma alude simbolicamente ao material relegado à mente inconsciente. Depois veio a interpretação dos sonhos, que acontece por meio do processo inverso da condensação e do deslocamento. A seguir foram apresentados a sexualidade infantil e o complexo de Édipo, como a base da neurose. Ao longo do caminho, Freud familiarizou o seu público com alguns conceitos como a associação livre e a transferência.

A palestra final foi uma defesa global da psicanálise como um empreendimento prático e ético. Quando os desejos libidinais do inconsciente se tornam conscientes, o paciente maduro pode simplesmente rejeitá-los ou *sublimá-los*, transformando os desejos em empreendimentos criativos. Alternativamente, ele pode e provavelmente deve entregar-se a alguns de seus impulsos, buscando o prazer sexual. A conclusão delineava uma crítica social: "Os nossos padrões civilizados tornam a vida demasiado difícil para a maioria das organizações humanas. Conseqüentemente, esses padrões estimulam a fuga da realidade e a geração de neuroses, sem obter nenhum excedente de ganho cultural por esse excesso de repressão sexual."

Nessa forma de resumo, as idéias de Freud devem ter soado tanto novas como familiares — e razoavelmente convincentes. Nem todos os americanos ficaram persuadidos. O grande psicólogo William James fez uma caminhada com Freud. James estava no fim da sua vida, e um ataque iminente de angina interrompeu a conversa. James escreveu: "Confesso que ele me causou pessoalmente a impressão de um homem obcecado por idéias fixas. Nada posso fazer no meu caso com as suas teorias do sonho, e obviamente 'simbolismo' é um método muito perigoso."

Mas a nação adotou a nova teoria. As palestras venderam bem em forma de livro. Em revistas, a psicanálise tornou-se um tema popular. Na Primeira Guerra Mundial, eclipsou a hipnose e até o divórcio como tópicos de interesse. Em 1918, numa introdução a um livro de Horace Frink, o neurologista James Jackson Putnam escreveu: "Sentimos falta se, ao examinarmos um volume ou uma revista em que os motivos humanos são discutidos, não encontramos alguma referência às doutrinas aqui em jogo."

Na América, o foco sobre o inconsciente tinha um viés otimista. As memórias recuperadas podiam curar doenças. Os aspectos ocultos da mente deveriam ser postos a funcionar para o self, a serviço do sucesso conformista. Se essas noções estendiam e distorciam as afirmações de Freud, ainda assim podiam encontrar uma base nas palestras da Clark. Sem dúvida, os termos que Freud ali introduzira entraram na língua. O tradutor americano de Freud, A. A. Brill, defendia novas danças, o tango e o "turkey trot" [dança do início do século com música de *ragtime*], como "excelentes sublimações". A interpretação dos sonhos tornou-se uma ferramenta investigativa na ficção de detetive. Esse sucesso popular correspondia a uma aceitação cada vez mais oficial das idéias de Freud. Em 1917, a Escola de Medicina Johns Hopkins oferecia cursos de psicanálise.

Ao ver Freud como um otimista, os americanos não estavam de todo equivocados. Ele havia sugerido o efeito corrosivo da repressão sexual, imposta pela civilização. Mas, nos anos pré-guerra, a sua ênfase recaía no resultado mais favorável, a sublimação. Nos gênios, a repressão não só fomenta a neurose. Inspira a ciência e a arte. Para ilustrar essa premissa, Freud quis examinar a psique de Leonardo da Vinci.

O ensaio sobre Leonardo, o primeiro trabalho extenso de Freud em psicobiografia, reivindica a sua própria cota de gênio da parte do autor. Dado um chapéu de homem, Sherlock Holmes conseguia deduzir, combinando ciência forense e um conhecimento das normas sociais vitorianas, que o usuário do chapéu era intelectual, sedentário, de meia-idade, antes abastado, atualmente maltrapilho, e sofrendo com a perda dos afetos de sua mulher. No livro sobre Leonardo, publicado em 1910, Freud sugeria que o psicanalista tinha poderes semelhantes. Freud tomou uma única frase pessoal na escrita científica de Leonardo e, aplicando as suas teorias e o seu conhecimento de amador devotado sobre arte e história, reconstruiu a infância e a vida interior do grande homem. Simultaneamente, Freud explicou o funcionamento das pulsões e traçou o desenvolvimento da homossexualidade. Como os cadernos de notas e as pinturas de Leonardo estavam à disposição de todos que quisessem examiná-los, Freud estava demonstrando que a análise podia ser praticada às claras, e não só por meio de casos clínicos cujo verdadeiro conteúdo e resultados só eram conhecidos pelo terapeuta.

Na passagem que Freud examina, Leonardo recorda uma lembrança antiga. Quando ainda estava no berço, um pássaro desceu voando, abriu com a cauda a boca do menino e sacudiu a cauda repetidas vezes entre os seus lábios. Freud acreditava que o pássaro em questão era um abutre. No antigo Egito, o abutre simbolizava a maternidade. O nome do pássaro era pronunciado *Mut*, um som que lembra a palavra alemã *Mutter* (mãe) — sinal, talvez, de uma ligação simbólica natural. Supunha-se que os abutres eram uniformemente fêmeas, emprenhadas pelo vento. Na Idade Média, essa crença havia sido usada para defender a noção de nascer de uma virgem. Freud argumenta que esse mito teria sido conhecido por Leonardo. Ao mesmo tempo, na iconografia egípcia, o abutre era sexualmente andrógino, assim como são as mães nas fantasias das crianças. Como uma cauda é um símbolo fálico, conclui Freud, o que estava em questão para Leonardo era uma imagem combinada de amamentação e felação.

Freud observa que Leonardo tinha uma razão especial para estar interessado em relatos de concepção de virgens. Ele era bastardo. Freud conjetura: "O seu nascimento ilegítimo privou-o da influência do pai até talvez os 5 anos, e deixou-o aberto às seduções ternas de uma mãe que o tinha como único consolo." É mais provável que as crianças criadas por mães solteiras se tornem homossexuais: "Na verdade, é quase como se a presença de um pai forte assegurasse que o filho tomaria a decisão correta na sua escolha do objeto amoroso, a saber, alguém do sexo oposto." Um filho mimado pela mãe temerá a heterossexualidade, por ser uma infidelidade à progenitora, e passará a *identificar-se* com as mulheres no seu desejo por homens. O que o homossexual ama nos homens é o self da infância, assim como esse self era amado pela mãe. Ao mesmo tempo, a curiosidade de uma pessoa sobre o parto pode se tornar mais tarde na vida a base para a curiosidade científica e para a escopofilia, um investimento erótico na observação que predispõe à participação nas artes gráficas.

Quanto à preeminência de Leonardo na ciência, essa também surge de seu impulso a desafiar o pai em favor de sua mãe. O pai é ligado imaginativamente à autoridade, e a mãe, à natureza. Rejeitando a sabedoria recebida, o cientista explora a natureza sob o ímpeto das pulsões libidinais da infância. Na visão de Freud, a crença religiosa nasce do fracasso de se rebelar contra a tradição paterna. Em contraste, a arte e a ciência são soluções bem-sucedidas para o problema dos conflitos reprimidos. O trabalho pode propiciar parte do prazer que, numa cultura menos restritiva, seria encontrado no sexo.

Ao longo de seu ensaio, Freud trata a lembrança do abutre como se fosse um sonho, usando-o para revelar pulsões reprimidas que poderiam explicar a homossexualidade de Leonardo e a sua criatividade. Freud tinha um orgulho especial desse *tour de force*. Ele dizia que o livro sobre Leonardo era "a única coisa bela que já escrevi". O seu desempenho foi extraordinário na sua amplitude, ao sintetizar, como fazia, a arqueologia, a iconografia, a crítica de arte, a história antiga e renascentista, a psicologia do desenvolvimento e o trabalho de detetive textual.

Mas o conjunto repousa sobre um fundamento vacilante. Freud estava trabalhando com uma tradução falha dos cadernos de notas de Leonardo. No original, o pássaro lembrado não é um abutre, mas uma outra ave de rapina, um milhafre — que não tem associação antiga com a maternidade. Nesses mesmos cadernos de notas, Leonardo anotara a função simbólica de ambos os pássaros. O abutre representa a gula; o milhafre, a inveja — porque os milhafres mães matarão de fome os filhotes gordos no ninho e darão bicadas nos seus dorsos. A mãe que amamenta e consola não está em evidência em nenhum lugar.

Além do mais, o relato de Freud sobre a infância do artista baseava-se num romance histórico rico em imprecisões. Na realidade, a mãe de Leonardo se casou pouco depois de seu nascimento, e ele se mudou para a casa do pai e da madrasta. A mãe de Leonardo teve uma filha quando ele tinha 2 anos, por isso ele não teve o amor não dividido de sua mãe. De modo mais geral, Freud havia projetado as normas do *fin de siècle* vienense na Renascença italiana. A educação de Leonardo fora razoavelmente convencional.

Para os críticos de Freud, o ensaio de Leonardo é a evidência gritante, a prova de que Freud formulava suas teorias captando dados falhos e depois fazendo loucas especulações. As conclusões que Freud tirou estavam erradas. As mães solteiras não criam um número desproporcionado de filhos homossexuais. Não falta curiosidade nas crianças que aprendem cedo os fatos da vida. As pulsões das ligações afetivas e da competência têm as suas trajetórias de desenvolvimento, interagindo com o progresso da pulsão sexual, mas com uma razoável independência.

E mesmo num ensaio biográfico, em que a história de caso não pode ser inventada, Freud parece sutilmente desonesto. Era seu costume atualizar periodicamente os seus escritos. Freud mexeu em detalhes do texto sobre Leonardo ainda em 1925. Ao longo do caminho, acrescentou numerosas notas ao pé das páginas. Numa dessas notas, ele apresenta um esboço que revela a forma oculta de um abutre na famosa pintura *A Virgem e o Menino com Sant'Ana*. Noutra nota, ele especula que o episódio do abutre ocorreu de fato e foi interpretado como um presságio favorável, sendo assim repetido a Leonardo pela sua mãe. O seu status como mito familiar explica em parte o fato de ser adequado para a interpretação, como um sonho. Mas a tradução equivocada de abutre por milhafre foi descoberta nos dias de Freud e discutida em texto impresso por volta de 1923. Quando Freud reviu o ensaio, por que não admitiu o seu erro e revisou a sua teoria de acordo com os novos dados?

A noção de presságio-como-lenda-de-família tem uma familiaridade reveladora. Freud havia escrito a Jung: "Sou inteiramente Leonardo." O inverso parece quase mais verdadeiro. Lê-se *Leonardo* de Freud como uma autobiografia racionalizada, um relato de como a perda do amor exclusivo da mãe, em circunstâncias familiares confusas, é transmutada em gênio científico. Repetidas vezes, Freud parece inclinado a remodelar a sua própria história em termos glorificados.

O experimento Leonardo mostra realmente como para Freud qualquer estímulo parecia a confirmação de suas idéias, especialmente sobre as pulsões edipianas como a base do comportamento. Mas é também um exemplo do paradoxo constante da capacidade de Freud. Ele podia estar equivocado a respeito de fatos e teorias, mas ainda assim exercia enorme influência. O ensaio sobre Leonardo inspirou um debate interminável sobre a arte e a neurose. Transformou a redação da história e da biografia. Abriu a psicologia para o estudo das pulsões na infância. E deu projeção para a identificação como um elemento na formação da personalidade. Parecemos realmente adotar as visões, e muitas vezes as maneiras, daqueles que admiramos, amamos ou tememos.

Essas observações talvez atenuem a influência do ensaio. A pretensão de Freud de ser capaz de localizar o todo na parte, o homem no detalhe, o secreto no público, deu origem a novos modos de lidar com a arte e a literatura. A nova crítica, na qual uma leitura minuciosa de fragmentos revela intenções ocultas, refletia o modelo de Freud. E o público modela a arte. Quer autores particulares tenham concordado com Freud, quer não — muitos disseram que não concordavam —, o modernismo na literatura respondeu a expectativas que Freud criou. Junto com *A Interpretação dos Sonhos*, *Leonardo* de Freud inspirou uma tendência literária à proliferação de detalhes prontos para serem decodificados. A ficção de James Joyce e a poesia de T. S. Eliot devem alguma coisa à cauda do abutre. A seu modo resistente, acontece o mesmo no expressionismo abstrato e no *nouveau roman*, com seus esforços para evitar a simbolização e apagar a história. Freud apontou para a possibilidade de uma nova densidade de significado em textos e telas quando se atreveu a encontrar a totalidade de Leonardo numa frase e num sorriso.

O outro grande estudo de caso de Freud nesses anos produtivos foi uma exploração da paranóia, por meio de uma análise das memórias de Daniel Schreber, um jurista que havia afundado na psicose. O projeto era mal orientado, com os equívocos de costume — evidências suprimidas e a preferência pela teoria em detrimento dos fatos. A paranóia era a doença com que Freud pior lidava. As suas especulações mais antigas diziam respeito a uma mulher que sofreu um colapso depois de ter sido molestada. Freud pressupôs que ela ficara sexualmente excitada com o ataque, passara a se considerar uma pessoa má e depois atribuíra essa maldade a outros. A sensualidade reprimida causou a sua paranóia. Embora mais complicada, a análise de Schreber baseia-se em raciocínio similar.

O relatório é de interesse duradouro, porque nele Freud explica um mecanismo de defesa particular: a projeção. Aqui, as defesas são formas de repressão — modos de evitar a consciência de impulsos inaceitáveis. Freud atribui pulsões edipianas homossexuais a Schreber. Essas acabam se transformando em paranóia. "*Eu* (um homem) *o* (um homem) amo" transforma-se em "Eu não o *amo* — eu o *odeio*", e depois "*Ele me odeia* (persegue), o que justificará o meu ódio por ele". Essa seqüência pode aplicar-se ou não a Schreber, mas descreve um mecanismo de pensamento em que uma pessoa experimenta sentimentos vergonhosos, ou o seu inverso, mas os atribui a outros. A um amigo que inesperadamente questiona os nossos motivos, podemos dizer: "Não, não odeio você, mas me pergunto se você não se sente pouco à vontade comigo." Quando o fazemos, o nosso raciocínio se parece com o de Freud nesse relato.

Freud não inventou a noção de projeção. Em 1838, Ralph Waldo Emerson disse: "O jovem, inebriado com a sua adulação de um herói, deixa de ver que é apenas uma projeção de sua [própria] alma o que ele admira." Mas Freud enfatizou a freqüência com que a projeção distorce o pensamento comum.

O mesmo vale para *narcisismo*, um termo cunhado na década de 1890 por pesquisadores da perversão sexual. Escrevendo sobre Leonardo e Schreber, Freud localizou a origem da homossexualidade num estágio do desenvolvimento normal, quando o próprio corpo da criança se torna o seu objeto de amor. Essa experiência, acreditava Freud, estava na raiz de uma tendência na vida adulta, a de procurar ligações com outros que se parecem com o self. No meio de uma explicação duvidosa de homossexualidade, Freud optou por uma postura e uma espécie de amor que reconhecemos como comum. Algumas pessoas nunca vêem o outro, apenas o self.

Junto com a identificação, a suposta fonte da homossexualidade de Leonardo, a projeção e o narcisismo formam uma tríade de conceitos conexos que descrevem distorções nas perspectivas e nos relacionamentos. Embora seguindo orientações falsas a respeito da homossexualidade, da paranóia e do gênio, Freud reuniu um conjunto de conceitos que permite a discussão de uma ampla gama de interações sociais. A força de Freud sempre esteve na categorização do comportamento normal. Muitas pessoas adotam as características e os valores daqueles que admiram. Poucas pessoas acham fácil ver além do self e entrar nas vidas distintas dos outros.

É claro, alguns acham realmente fácil fazê-lo. Freud deixou de perceber muita coisa sobre as capacidades humanas de sentir afeto e estabelecer ligações. Mas, especialmente naqueles anos pré-guerra, Freud forneceu ferramentas para tratar de um problema nuclear da modernidade: a dificuldade de transcender uma perspectiva isolada.

Os escritos de Freud na primeira década do século não eram particularmente pessimistas. O seu interesse se limitava à questão que havia proposto nas suas palestras na América, a preocupação de que a vida em grupo ou em família poderia diminuir o vigor sexual dos homens e assim levar à neurose. Ele começou a caracterizar esse problema com detalhes. Nesse ponto, Freud estava trabalhando com o material que mais conhecia, o romance heterossexual da sua própria época. A observação social de Freud talvez seja o aspecto de sua obra que melhor soube envelhecer. Certamente, as suas conclusões têm formado a base para décadas de autoajuda popular.

Já em 1906, Freud disse ao grupo das quartas-feiras que estava investigando a psicologia do amor. Em 1909, ele apresentou as suas descobertas. Havia observado que seus pacientes masculinos neuróticos seguiam regras desconcertantes na escolha de um objeto de amor. A eleita já devia ter uma ligação amorosa, além de uma mancha em seu caráter ou uma marca característica de extensa experiência sexual. Essa mulher será compulsivamente amada, mas virá a ser uma dentre uma série de amantes similares. A ligação do homem estará relacionada com o desejo de resgatar essas mulheres das mesmas tendências imorais que primeiro as tornavam fascinantes.

Essa série de condições não apresentaria nenhum desafio especial a um psicólogo evolucionista hoje em dia. Freud está descrevendo a atração de mulheres que demonstraram seu valor e sua disponibilidade sexual por meio de ligações anteriores. No seu envolvimento com elas, o homem primeiro protegerá ciumentamente o seu investimento. Mais tarde, talvez se proteja de apostas arriscadas por meio de uma monogamia serial.

Freud via a síndrome em termos de uma fixação na mãe. Um elo-chave na sua lógica diz respeito a um fenômeno que era peculiar a seu momento histórico. Ao lado do ofício de governanta, a prostituição era uma das poucas formas de emprego totalmente abertas às mulheres. A sua visibilidade estava fadada a colorir o novo despertar sexual de um menino na adolescência. No mesmo estágio da vida, um menino sentia a ligação da mãe com o pai como uma infidelidade para com ele, o filho. Esses pólos opostos, prostituta e mãe, eram na imaginação desejáveis e traiçoeiros de maneiras análogas. Os rapazes estavam fadados a equiparar os dois. Reprimida, essa idéia de equivalência entre a prostituta e a mãe levava a uma fixação numa mulher comprometida e dissoluta que poderia ser seduzida e resgatada.

Freud retornou à questão da desvalorização num ensaio sobre impotência psicogênica, a razão mais comum, de acordo com o seu relato, para que os pacientes recorram à psicanálise. Os fracassos de desempenho sexual, escreveu Freud, podem ser atribuídos à fixação na mãe ou numa irmã. O que está em questão é uma separação de pulsões que Freud antes não considerara distintas, a amorosa e a sexual. Devido ao tabu do incesto, é difícil entrelaçar essas tensões. Com efeito, o homem tem permissão para ser bem-sucedido sexualmente só com mulheres que não lhe lembram membros da família, embora só possa valorizar mulheres que lhe despertam essa associação. O resultado é o que tem sido chamado complexo madona-prostituta, uma supervalorização das qualidades morais da esposa e das características imorais da amante.

Essa patologia se funde nas imperfeições normais da vida romântica, de modo que, na visão de Freud, "não podemos escapar da conclusão de que o comportamento amoroso dos homens no atual mundo civilizado ostenta de modo cabal o carimbo da impotência física". Para Freud, esse resultado é inevitável: "é totalmente impossível ajustar as reivindicações das pulsões sexuais às demandas da civilização". Devido ao tabu do incesto e aos obstáculos à liberdade erótica exigidos pela vida em família, a paixão sempre permanecerá alienada da afeição. O sexo bom será sempre proibido, secreto, mau e desviante.

Freud realmente tratou dois colegas por impotência, mas não é claro se era de fato o problema mais comum na sua clínica. Mais uma vez, estamos provavelmente no território da autobiografia apresentada como ciência. Freud achava o casamento sexualmente embrutecedor. De modo mais geral, Freud às vezes parecia estar escrevendo em nome dos imigrantes judeus convencionais de pequenas cidades, expostos ao bazar sexual que era a Viena da virada do século.

Ao perguntar por que um marido não pode ter tudo, estabilidade e paixão juntas, e num único relacionamento, Freud estava estabelecendo um ideal que fascinaria a cultura por um século: a satisfação plena. A satisfação plena é animal e intelectual. O ideal inatingível é a sexualidade com o vigor da perversão, na vida de um homem moralmente consciente e socialmente integrado.

Freud propunha o que considerava uma resposta minimamente satisfatória ao problema, a sua cura parcial para a impotência. Um homem deve entrar num acordo com a idéia de incesto com a mãe ou com a irmã, restituindo parte da prostituta às suas Madonas. A auto-satisfação, e um retorno à potência, começa com a disposição de tirar a esposa de seu pedestal e dar-lhe a honra da degradação.

Há um grau de otimismo nessa resolução. Um homem não precisa buscar, resgatar e abandonar prostitutas. Se ele é autoconsciente, se admite seus desejos edipianos, um homem pode combinar a sublimação criativa com a sexualidade ativa, casando-se com uma mulher respeitável e adornando-a com suas fantasias lascivas.

X

Amigo e Inimigo

Nos anos que levaram à Primeira Guerra Mundial, as energias de Freud estavam cada vez mais dedicadas a questões organizacionais. Jung se mostrara um administrador indiferente. Ele viajava para muitos lugares, dando freqüentemente palestras críticas em relação a Freud. Em privado, Jung indicava que, na sua opinião, a alardeada auto-análise de Freud fora incompleta, com o resultado de que Freud era incapaz de sentir empatia pelos seus pacientes.

Aguardando uma ruptura com Jung, Freud formou um comitê secreto de cinco discípulos em 1912. Além de Abraham, Ferenczi e Jones, Freud convidou os seus colegas vienenses Otto Rank e Hanns Sachs. A sua missão era promulgar e defender a verdadeira teoria e método. Em 1913, Freud deu a cada membro um antigo camafeu. As pedras foram mais tarde montadas em anéis de ouro e usadas como símbolos de uma irmandade leal. Em nome de Freud, os iniciados reagiam agressivamente a desafios, deixando que ele, quando conseguia se conter, parecesse comedido.

Havia uma qualidade incestuosa nas relações. Jones era um inveterado mulherengo, suspenso temporariamente da Universidade de Toronto em face de acusações de uma indevida familiaridade com uma jovem paciente. Com esse problema em mente, Ferenczi analisou Jones e informava Freud sobre o progresso do tratamento. Enquanto isso,

Freud analisava a amante de Jones (ele a encorajava a abandoná-lo) e mantinha Ferenczi a par dos desenvolvimentos. Ferenczi começou uma breve análise com Freud.

Tanto antes como depois, Freud interveio na vida romântica de Ferenczi. Esse não sabia se casava com uma ex-paciente oito anos mais velha ou com a filha da paciente, que se tratara com Ferenczi e com Freud. O namoro de Ferenczi tem pontos em comum com a debacle Frink-Bijur. Como Angelika Bijur, a paciente de Ferenczi, Gizella Palos, já era casada. Como Horace Frink, Ferenczi compreendia que Freud o via como alguém que sofria de homossexualidade latente. E Ferenczi estava começando a achar Palos envelhecida e pouco atraente. Mas era Palos, a mãe, que Freud aprovava para seu colega. Ferenczi estava perturbado, depois inclinou-se por um breve período a casar-se com Palos — e Freud aproveitou o momento para fazer a proposta de casamento em nome de Ferenczi. O par se casou em 1919, Ferenczi permanecendo ambivalente. Como no caso Frink, talvez tenham ocorrido danos colaterais. Outro analista tratado por Freud relatou que o ex-marido de Palos se matou na esteira do divórcio.

Enquanto isso, Freud se preocupava com as atenções de Jones dirigidas à filha predileta de Freud, a sua caçula, Anna. Freud parece ter nutrido esperanças de que Anna se casasse com Rank, que, entretanto, demonstrava ter acessos de depressão e mais tarde mania. Tanto Rank como Anna seriam mais tarde analisados por Freud. (Essa última análise era um segredo rigorosamente guardado. Ia contra a lógica do empreendimento, que alegadamente dependia da projeção e subseqüente resolução de uma transferência para uma figura neutra. O processo parece ter contribuído pouco para diminuir a devoção da filha. Com o tempo, Anna Freud se dedicaria a duas tarefas: praticar a psicanálise, para a qual deu contribuições ilustres, e cuidar do pai.) As rivalidades, freqüentemente desencadeadas por expressões de favoritismo de Freud, perturbavam continuamente o grupo. Ciente de seu papel como figura paterna, Freud acreditava que os conflitos dentro do grupo também assinalavam a hostilidade que lhe era dirigida.

À medida que a guerra se aproximava, Freud se tornava cada vez mais deprimido. Ainda assim, ele conseguiu atacar um projeto num estado inspirado — "todo onipotência, todo selvagem". Freud acreditava ter estabelecido a centralidade do complexo de Édipo para o desenvolvimento da criança, a doença mental, a realização criativa e as frustrações da vida romântica. Na sua nova obra, *Totem e Tabu*, ele o colocou na origem da religião e, portanto, da cultura humana.

Se o alcance de Freud era impressionante, a sua compreensão também o era. Voltando-se para a antropologia, ele examinou os rituais de dúzias de tribos. Monumbos, batas, nubas, agutainos, guaicurus, abipões, shuswap, arunta, ta-ta-thi, ouatiouak — só os nomes exóticos valem a leitura dos ensaios. Freud concluía que as crenças do homem primitivo obedecem às regras da neurose do século XX. O totemismo, quando um espírito animal é cultuado e simbolicamente consumido, assemelha-se à fobia animal do Pequeno Hans e à obsessão animal do Homem dos Ratos. Tanto a neurose como o totemismo têm raízes na culpa inconsciente. Mas no totemismo a culpa é a respeito de um evento histórico real, o assassinato do pai.

Freud acreditava que os humanos haviam vivido outrora em pequenas hordas, famílias extensas dominadas por um pai que monopolizava as mulheres e tiranizava os rapazes. Organizados em bandos, os irmãos tinham assassinado e canibalizado o pai. A sua culpa encontrava expressão em rituais obsessivos que manifestavam devoção, mas também conservavam indícios de ódio. A religião é uma neurose de grupo, uma distorção da razão criada para cobrir de explicações terríveis as verdades históricas. Por meio de rituais como a refeição totêmica, a religião trai amor e medo simultâneos dos fiéis pela divindade — que, no caso do monoteísmo, é um pai onipotente imaginário.

Infelizmente, pois é uma história fascinante convincentemente narrada, *Totem e Tabu* baseia-se em antropologia falha. A descrição de Freud da vida tribal estava desatualizada. Os pesquisadores da virada do século haviam concluído, a partir de seu trabalho com as sociedades primitivas existentes, que os humanos primitivos não viviam em agrupamentos familiares dominados por um pai polígamo. A maioria das tribos nunca se envolveu com refeições totêmicas. A cultura não era uma criação exclusivamente masculina.

E Freud parecia ter uma compreensão duvidosa do darwinismo. Freud construiu o seu argumento em grande parte como uma explicação para a exogamia, a proibição contra o casamento entre parentes próximos. A exogamia requeria uma explicação segundo as linhas edipianas — como uma negação dos desejos que levaram ao patricídio primordial — porque, na visão de Freud, era inexplicável por outros motivos. Ele era especialmente veemente na sua oposição à crença de que a inadequação da prole endógama poderia levar à exogamia numa base automática. Mas, é claro, a evolução é exatamente essa base automática. Se a boa saúde acarreta que hordas exógamas tenham uma vantagem competitiva sobre as incestuosas, as hordas exógamas florescerão. O patricídio primordial parece a história sobre a masturbação culpada no caso do Homem dos Ratos. Ambos são construções para as quais não há evidência independente e para as quais não há nenhuma necessidade especial. O primeiro resenhista britânico considerou *Totem e Tabu* uma "simples história".

Totem e Tabu era outra das obras favoritas de Freud, mas o livro desempenharia um papel problemático para ele. Freud acreditava numa teoria da evolução, apresentada um século antes por Jean-Baptiste Lamarck, que admitia a hereditariedade de características adquiridas. Freud nutria a idéia de que todos os humanos tinham herdado a culpa dos irmãos da horda primordial. Ele imaginava que o cérebro poderia conter um mecanismo inato que transmite o complexo de Édipo de geração a geração — de modo que não é a nossa vida em família, mas a vida tribal de nossos ancestrais que nos rouba a possibilidade de ficarmos satisfeitos no amor. Nos seus escritos posteriores, quando atingia um obstáculo lógico nas suas teorias, Freud ficava freqüentemente tentado a buscar essa noção de um pecado original hereditário.

A descrição impregnada de mitos que Freud deu ao totemismo mencionava uma verdade sobre a condição humana que o momento político na Europa havia trazido para o primeiro plano: é constante a nossa ansiedade com o potencial de violência, em nós próprios e naqueles que estão ao nosso redor. E o ensaio é uma polêmica valiosa contra as religiões monoteístas, como herdeiras do totemismo. Freud escolheu a eucaristia cristã como um ritual dentro da tradição. Mas a contribuição duradoura do livro está no território familiar de Freud, a psicologia.

Ao escrever *Totem e Tabu*, Freud parece ter incorporado as suas impressões sobre os seus seguidores — que a admiração que sentiam por ele tinha um quê de ciúme assassino. Para condensar essa mistura de sentimentos, Freud tomou emprestada uma palavra, *ambivalência*, cunhada pelo psiquiatra suíço Eugen Bleuler para descrever as obsessões paralisantes dos esquizofrênicos. Freud aplicava o termo a estados que ocorrem em todos os humanos, como um aspecto inevitável de nossa natureza. Para Freud, a ambivalência não é mera vacilação. É a experiência simultânea de extremas emoções opostas, especialmente a adoração e o ódio que Freud localizava no lado pai-filho do triângulo edipiano.

Totem e Tabu tinha também uma função mais estreita. Era um ataque a Jung, que respeitava a religião e via o mito nascendo independente do complexo de Édipo. Em 1914, Freud estava pronto a descartar Jung, tendo inserido Adler no grupo para garantir um bom resultado. Em "Sobre a História do Movimento Psicanalítico", Freud reivindicava a autoria de sua ciência: "[N]inguém sabe melhor do que eu... o que deve ser chamado psicanálise." Ele comparava seus ex-colegas a pacientes. Quando minimizavam o papel da sexualidade na neurose, eles estavam manifestando resistência. Esse argumento se tornara padrão para Freud. Qualquer rejeição de suas descobertas demonstrava covardia em face de verdades revolucionárias. Freud considerava que a teoria de Adler, embora "radicalmente falsa", era coerente. A respeito do pensamento de Jung, Freud escreveu: "somos obrigados a perguntar quanto de [sua incoerência] é devida à falta de clareza e quanto à falta de sinceridade."

Freud tinha consciência de sua tendência a voltar-se contra aqueles de quem era próximo. Ele tinha escrito: "Um amigo íntimo e um inimigo odiado sempre foram requisitos necessários de minha vida emocional: [...] e não é infreqüente que amigo e inimigo estejam combinados na mesma pessoa." Mas a postura agressiva de Freud teria um efeito corrosivo sobre o movimento analítico. Nas suas maneiras diferentes, Rank, Ferenczi e Jones tinham consciência das lacunas na descrição de Freud do desenvolvimento psicológico. Por exemplo, eles sabiam como ele dera pouca atenção ao amor materno e à insegurança causada quando ele é inconsistente ou inexistente. (Vários biógrafos tentaram ligar esse ponto cego à relutância de Freud em pensar mal de sua mãe.) Os defeitos da teoria psicanalítica poderiam ter sido remediados se Freud tivesse sido aberto à diversidade de opinião. Mas ele deu claras indicações de que não o era. Pedia que membros de seu círculo íntimo não lhe revelassem os seus insights, porque nesse estágio da sua vida as idéias das outras pessoas só o confundiam. Numa ocasião, concordou em fazer uma apresentação, mas sob a condição de que ninguém fizesse nenhum comentário.

A postura de Freud modelava as relações dentro do círculo íntimo. Quando um acólito formulava uma hipótese razoável, ainda que discordante, os outros o atacavam, com o objetivo de ganhar a aprovação do mestre. O resultado era uma série de secessões, confissões e reconciliações — e pouco progresso em questões como ligações, empatia ou a psicologia das mulheres.

Freud continuaria ansioso sobre o futuro político da psicanálise. Ele favorecia as organizações em detrimento de seus membros e os sistemas de pensamento em detrimento do sentimento de camaradagem. Em 1918, Sachs sofreu um episódio agudo de tuberculose e foi considerado moribundo. Um patrocinador do movimento, Anton von Freund, sugeriu que as despesas médicas de Sachs fossem pagas pela fundação psicanalítica que o próprio Von Freund havia financiado. Freud foi contra, por causa de "uma indisposição geral a praticar boas ações *ad hominem* — e da intenção pedagógica de não interferir com ajuda antes que os meios da parte em questão fossem esgotados". No ano seguinte, Von Freund viu-se batalhando contra um câncer recorrente. Freud interpretou a doença como um sintoma neurótico — devido à incapacidade de Von Freund dar contribuições financeiras significativas para a sua figura paterna, Freud. Naquele mesmo ano, outro membro da Sociedade Psicanalítica de Viena, Victor Tausk, cometeu suicídio. Numa carta, Freud avaliou a morte de Tausk apenas em termos de seu impacto sobre o movimento: "Apesar de todo o seu significativo talento, ele era inútil para nós." Noutra carta, Freud resumiu a perda em termos de teoria: "As razões [para o suicídio] são obscuras, provavelmente impotência e o ato final de sua batalha infantil contra o espectro de seu pai. Apesar de reconhecer os seus talentos, não posso gerar muita simpatia."

Se os comentaristas hoje questionam a capacidade de Freud para a empatia, uma das razões é essa frieza em reação à desgraça de outros. O companheiro mais íntimo de Freud na sua juventude foi Eduard Silberstein. Foi sobre Silberstein que Freud escreveu no seu "Ichthyosaura". Em 1891, Freud tratou a esposa de Silberstein. Ela cometeu suicídio atirando-se no poço da escada no apartamento de Freud, e nesse ponto Freud quase suspendeu a correspondência com seu velho amigo. Em 1928, quando morreu a filha de 7 anos de Ernest Jones, a reação de Freud foi pular de uma comparação com suas próprias perdas para a sugestão de que Jones poderia se distrair, partilhando o interesse de Freud pela possibilidade de que o conde de Oxford havia escrito as peças de Shakespeare. Lendo a carta, é difícil não lembrar a observação da irmã de Freud de que ele tinha menos amigos do que companheiros de estudo. Claramente insatisfeito com o consolo de Freud, Jones respondeu apenas um mês mais tarde, referindo-se à dor ainda maior de sua esposa. Freud respondeu reconhecendo que "não escrevi o que você tinha esperado", e sugerindo a Jones que o suicídio é às vezes uma reação adequada a uma perda esmagadora. Freud então retornou à questão do "homem de Stratford". A tendência a permanecer imerso na sua própria perspectiva é repetidas vezes evidente na correspondência de Freud.

Política organizacional à parte, os anos da guerra foram produtivos para Freud. Ardente patriota, Freud previu uma rápida vitória para o Império. O seu filho mais velho, Martin, alistou-se imediatamente, os outros, Oliver e Ernst, seguiram seu gesto. Ninguém havia previsto a letalidade do fogo de artilharia. No final de 1914, um milhão de soldados austro-húngaros haviam sido mortos ou feridos. No *front* doméstico, a clínica de Freud encolheu. Ele expressou sentimentos de desamparo, temendo o empobrecimento e a morte. E ainda assim estava cheio de energia, escrevendo artigos sobre uma variedade de tópicos, da técnica e patologia à estrutura da mente.

Em particular, Freud elaborou a sua compreensão da transferência, a reação que identificara como o fator que complicou os tratamentos de Anna O. e Dora. Freud agora acreditava que esse aparente impedimento era essencial para a psicanálise.

Tornar conscientes lembranças inconscientes se revelara um remédio menos potente do que Freud havia esperado. Para serem tratadas com eficácia, ele indicava num ensaio sobre a transferência, as emoções difíceis da infância precisam emergir aqui e agora, no tratamento. Assim como era incapaz de admitir hostilidade na infância, o paciente a negará na terapia. Em vez disso, ele a representará por meio de ações.

> Por exemplo, o paciente não diz que se lembra de ser desafiador e crítico em relação à autoridade dos pais; em vez disso, ele se comporta dessa maneira com o médico. Ele não lembra como é que chegou a um beco sem saída, desamparado e desesperado nas suas buscas sexuais infantis; mas produz um volume de sonhos e associações confusos, queixa-se de que não consegue ter sucesso em nada e afirma estar condenado a jamais levar a cabo o que empreende.

Essa repetição também encena o que mais interfere na adaptação do paciente à vida cotidiana.

Experimentando uma compulsão a reproduzir atitudes da primeira infância, os pacientes desenvolvem neuroses de transferência, doenças artificiais que existem dentro da análise. A psicanálise consiste, em grande parte, em curar as neuroses de transferência, por meio da interpretação de comportamentos que surgem durante as sessões. O paciente pode *perlaborar* a resistência, desafiando a compulsão a repetir as ações, dentro do consultório. Quando a doença artificial é curada, a neurose original também desaparece.

Até a transferência erótica é bem-vinda. "É uma conseqüência inevitável de uma situação médica, como a exposição do corpo do paciente ou a comunicação de um segredo vital." A paciente se apaixonará pelo médico e, no processo, revelará padrões infantis de desejo. Embora a paciente possa dar a impressão de querer agradar ao médico, o seu amor também constitui uma rebelião contra o tratamento. Interfere na livre comunicação e assim deve ser interpretado (delicadamente) como resistência, um desejo inconsciente de tirar o tratamento dos trilhos e evitar a consciência de desejos vergonhosos.

Freud sugere que é *só* por meio da emergência e da interpretação da transferência que uma análise pode ter sucesso. Essa formulação é espantosa. Já não é a recordação da história o meio direto da cura. Somente quando o paciente deixa de fazer associações livres é que começa o verdadeiro tratamento.

Mas a transferência está presente desde o primeiro momento do tratamento. Uma moça que puxa a bainha da saia sobre os tornozelos está tentando esconder a sua inclinação para o exibicionismo. Um homem que começa uma sessão dizendo que nada lhe ocorre está repetindo uma atitude homossexual, de passividade em face de uma expectativa de autoridade. Freud escreve, como se a conclusão fosse evidente, que um homem que endireita o vinco da calça antes de se deitar no divã "está se revelando um ex-coprófilo do mais elevado refinamento".

Se as conclusões particulares de Freud são estranhas, ainda assim a idéia principal é poderosa. A transferência é evidente em detalhes minúsculos de comportamento. E se a transferência está presente desde o primeiro momento do tratamento, devia estar operando antes, fora do consultório. Quando nos apaixonamos ou desapaixonamos, quando fracassamos ou temos sucesso no trabalho, estamos percebendo erroneamente a pessoa e a tarefa diante de nós, vendo no seu lugar uma figura ou desafio de nossa infância. Ficamos sujeitos a uma compulsão de repetir.

Como sempre, a posição de Freud é bem determinada. A nossa vida genuína e imediata é a vida de nossa infância. Enquanto não compreendemos e confrontamos as distorções que ela impõe, não participaremos de nossas interações diárias como homens e mulheres livres. Vemos como que através de um vidro, sombriamente. Depois da psicanálise, cara a cara — mas jamais inteiramente desse modo. Freud enfatiza o irracional na percepção. É improvável que superemos a vergonha adquirida na infância.

Freud aplicava o conceito da transferência a quase toda atitude característica. Hoje nos inclinamos talvez a procurar no temperamento uma explicação para a tendência de uma pessoa abordar pessoas diferentes de maneira semelhante — com ansiedade ou expectativas promissoras. Da mesma forma, o trauma pode ter efeitos amplos. Uma pessoa que sofreu abusos na infância pode ser desconfiada como adulto, até com aqueles que não lhe lembram os pais. E, na prática, alguns dos comportamentos que Freud chamava transferência poderiam ser igualmente compreendidos como reações legítimas dos pacientes à sua personalidade autoritária.

Ainda assim, continuamos a reconhecer a transferência como uma contribuição duradoura para a técnica da psicoterapia e para a psicologia de todos os dias. Quando um marido está carente ou hostil, a mulher pode protestar: "Não sou a sua mãe." A mulher talvez acredite que o marido a trata habitualmente como se ela fosse a mãe dele. Assim, a transferência se junta à ambivalência, à identificação, à projeção e ao narcisismo como um conceito que tem uma linhagem às vezes dúbia, mas uma ampla utilidade na discussão do modo como as pessoas se dirigem umas às outras.

Voltando à natureza prática do tratamento: como a cura depende da resolução da transferência, o analista precisa saber como deixar que ela apareça. Para esse fim, Freud formulou duas regras: anonimato e neutralidade. O terapeuta deve ser desconhecido — não revelar os detalhes de sua vida privada ou partilhar as suas reações emocionais com o paciente. E o terapeuta deve manter ocultas as suas atitudes, tanto para as estruturas conflitantes dentro da mente do paciente como para as emoções ou intenções produzidas por essas estruturas. O analista não tomará o partido nem do desejo nem da intenção de controlar o desejo. Agir como um treinador, aconselhando o paciente sobre as escolhas de vida, é uma violação grosseira da neutralidade. A ignorância das inclinações do analista deixa o paciente livre para transferir opiniões e emoções que correspondem àquelas que são características de figuras do passado do paciente.

É claro, são essas regras, o anonimato e a neutralidade, que Freud violou em quase todos os casos que os eruditos foram capazes de estudar. Em termos estritos, Freud talvez nunca tenha realizado uma psicanálise, segundo os padrões que ele estabeleceu na metade da sua carreira. Ainda assim, o anonimato e a neutralidade definem o ideal que regeu a psicoterapia por décadas.

Enquanto formulava as suas regras técnicas, antes e durante a Primeira Guerra Mundial, Freud tratou o último de seus pacientes famosos, e escreveu sobre ele, Sergei Pankejeff, chamado o "Homem dos Lobos". O caso ilustra uma exceção permitida para a regra da neutralidade. Quando um paciente está "entrincheirado atrás de uma atitude de apatia cortês", o terapeuta pode marcar uma data fixa para o fim do tratamento como um modo de pressionar o paciente a agir.

Pankejeff, um aristocrata, apaixonara-se por uma enfermeira, Thérèse, num sanatório onde estivera hospitalizado. A sua família se opôs ao casamento por ser uma *mésalliance*, uma ligação com alguém de nível social inferior. Os médicos tiveram a mesma atitude. Não era só a classe social que estava em questão. Thérèse era emocionalmente instável. (Ela acabaria cometendo suicídio, nos tempos difíceis depois da entrada de Hitler em Viena.) Pankejeff escreveu mais tarde que continuou o tratamento porque Freud era aberto à relação com Thérèse, uma postura que talvez parecesse encarnar um grau de neutralidade. Mais para o fim da análise, Freud conheceu Thérèse, achou-a encantadora e deu a sua bênção ao plano de Pankejeff de casar-se com ela.

Freud não aceitava o que era visível: que Pankejeff era apático porque sofria de um progressivo distúrbio de humor. A mãe de Pankejeff era cronicamente ansiosa. O seu pai, que era maníaco-depressivo, havia cometido suicídio. A irmã de Pankejeff se suicidara no início de seus 20 anos. O irmão do pai tinha um temperamento alegre quando jovem, mas como adulto sucumbira à paranóia, uma seqüência freqüentemente ligada à depressão maníaca. Pankejeff exibia uma variedade de sintomas desde a primeira infância: fobias, obsessões, comportamento violento, ansiedade e depressão. Antes da análise de Pankejeff em Viena, Kraeplin o havia hospitalizado por depressão maníaca. Mas Freud fez um novo diagnóstico de neurose e começou uma análise.

O que surgiu sob a pressão de Freud foi um sonho de ansiedade na infância e uma série de memórias vagas. Freud focalizou o pesadelo de lobos numa árvore. Usando o método elemento-por-elemento estabelecido nas suas primeiras obras, Freud deduziu que, com 18 meses, quando doente com malária, Pankejeff havia visto o pai fazer sexo com a mãe três vezes seguidas, e que ao menos uma vez a entrada fora por trás — um drama que o menino interrompeu evacuando e gritando. O trauma, ver o que parecia ser uma cena de agressão, foi reforçado por sentimentos inaceitáveis aos 30 meses, quando Pankejeff se divertiu com a visão de uma criada esfregando o chão, também apoiada nas mãos e nos joelhos. Segundo Freud, a atração por Thérèse seguiu linhas semelhantes, envolvendo uma mistura de vergonha e desejo de sexo à maneira dos animais selvagens.

Ao longo da interpretação do sonho, Freud estabeleceu ligações com os contos de fadas que envolviam animais, a sedução sexual exercida pela irmã de Pankejeff, a ansiedade da castração, uma fixação anal e a ansiedade a respeito de dinheiro. No relato do caso, Freud apresenta uma desconstrução detalhada do sonho, páginas de análise geral suplementadas pelo exame de cada elemento em separado. Freud insiste na precisão de alguns detalhes no relato do sonho feito por Pankejeff, e descarta arbitrariamente outros como resistência. Freud toma o fato de que há seis ou sete lobos não só como uma referência ao conto dos Sete Cabritinhos, mas também como uma tentativa de ocultar o número dois, que se referia aos atores na "cena primária", o novo termo de Freud para o fato de uma criança testemunhar o ato sexual dos pais.

A uma distância de quase um século, o relato é absurdo, de um modo que é exasperante ou encantador, dependendo da inclinação do leitor. Mesmo sem a interferência da malária, é provável que nenhuma criança guarde impressões de uma cena testemunhada aos 18 meses. Mas Freud é imaginativo, a serviço das contínuas batalhas dentro da psicanálise. Ele apresentava o tratamento do Homem dos Lobos como um modelo de seus próprios métodos e como uma refutação de Adler e Jung. Adler acreditava que os neuróticos se esquivavam das responsabilidades da vida adulta, e Jung via a simbolização como algo relativo a uma ressonância inata do mito. Eles resistiam à contribuição única da análise, a centralidade das fantasias sexuais infantis para a formação de sintomas e do caráter, uma realidade demonstrada na recuperação de Pankejeff.

Ao menos, Freud se referia à recuperação, ao relatar o caso. Quando ele deu alta a seu paciente em 1914, Freud o considerava curado. Mas Pankejeff viveu mais sessenta anos perturbado por um distúrbio crescente e decrescente que incluía variadamente depressão, mania, paranóia e obsessões. Um jornalista vienense entrevistou Pankejeff na década de 1970. Na transcrição da conversa, Pankejeff parece dissimulado, divertido, errático e irritável, à maneira de uma pessoa que viveu por anos com distúrbio bipolar não tratado. Embora conserve a admiração por Freud, Pankejeff descarta a interpretação do sonho no coração do relato de Freud. Durante toda a sua infância, Pankejeff havia permanecido no quarto de criança com a sua babá, e assim não havia testemunhado os pais no quarto de dormir. Nem fora fixado em sexo *a tergo*. O caso com Thérèse começou com ela por cima no ato.

Foi só com o passar do tempo que a monografia sobre o Homem dos Lobos se tornou um constrangimento. Por décadas, foi reverenciada como a culminação das lições aprendidas com Dora, com o pequeno Hans e com o Homem dos Ratos. Entre parênteses, é interessante considerar nesses casos o papel do conceito que Freud colocava no centro de sua obra, as pulsões inconscientes reprimidas. Em geral, as motivações dos pacientes de Freud são nitidamente visíveis. No meio de um distúrbio de humor, Pankejeff é paralisado por uma decisão difícil na sua vida amorosa. As alcovitices de seu pai abalam Ida Bauer. Herbert Graf é confrontado com um novo irmão e com o conflito no casamento de seus pais. Um encontro com um oficial cruel exacerba os sintomas no Homem dos Ratos. O inconsciente entra em ação por meio de sentimentos e incidentes que Freud introduz, geralmente passando por cima de objeções. O inconsciente é aquilo de que os pacientes discordam. Freud requer uma estrutura de símbolos e memórias hipotéticas, não para compreender o caso em questão, mas para justificar uma hipótese preferida.

Freud acrescentaria mais dois resumos extensos de tratamento, a respeito da paranóia e da homossexualidade feminina, que não entraram no panteão. A coletânea de histórias de casos que justificavam o método de Freud estava em grande parte completa no início da Primeira Guerra Mundial. O subseqüente afastamento das narrativas de relatórios clínicos permitiu que Freud se voltasse diretamente para seu trabalho preferido, o desenvolvimento de teorias sobre a estrutura e as operações da mente.

XI

Estrutura

Entre os ensaios de Freud dos anos da guerra, o mais amplamente conhecido talvez seja uma consideração compacta dos distúrbios de humor. *Luto e Melancolia* começa com a observação de que, na maioria dos aspectos, a depressão se parece com o pesar. Em ambos os estados, escreve Freud, o sofredor perde o interesse pelo mundo. Em particular, a capacidade de amar está ausente.

A causa do luto é óbvia: a perda de uma pessoa ou de uma abstração, como a liberdade. Tampouco é difícil descrever o curso de um pesar em termos psicanalíticos. Por algum tempo, a libido, a energia sexual que determina o amor, permanece ligada ao objeto perdido. (O objeto pode significar algo semelhante a uma pessoa, como no objeto da afeição de alguém.) Mas o enlutado está também em contato com a realidade de que o amado desapareceu. Lentamente, por meio da "elaboração do luto", o investimento emocional é removido das lembranças e expectativas do morto.

Como se parece com o pesar, a melancolia, a principal depressão de nossos dias, daria também a impressão de nascer da perda. Comumente fica evidente uma decepção, como o fim de um romance. Mas a depressão tem duas características, observa Freud, que estão ausentes no pesar normal. A depressão não termina facilmente. E a pessoa deprimida sofre "uma extraordinária diminuição de sua auto-estima". Nas garras da depressão, as pessoas são perseguidas por uma convicção de que moralmente não têm valor. Elas passam pelo julgamento de um "agente crítico" na mente.

Além do mais, a depressão tem uma função social. Torna a vida difícil para outra pessoa — um marido decepcionante, digamos. Escutando atentamente, descobriremos que as auto-acusações do melancólico soam como acusações contra o amado. Freud escreve astutamente: "A mulher que em voz alta tem pena do marido, por estar ligado a uma mulher tão incapaz como ela, está realmente acusando seu *marido* de ser incapaz, em qualquer sentido que ela possa dar à frase."

Freud explica as características distintivas da melancolia — seu caráter crônico, a autodesvalorização e a hostilidade — delineando o destino da energia da mente. Ela permanece atada, indisponível para ser novamente usada. O problema, diz Freud, é que o depressivo fez uma escolha narcisista do objeto, apaixonando-se por alguém que representa aspectos do eu. A relação é caracterizada pela ambivalência, amor misturado com desprezo. Na depressão, a energia não se move do outro perdido para o mundo exterior. Apanhado entre o amor e o ódio, o melancólico não pode relaxar. Em vez disso, o outro decepcionante é trazido para dentro, e a energia misturada de amor e ódio se torna ligada ao eu. Freud coloca o destino do amado, do eu e da consciência em termos que são simultaneamente técnicos e poéticos: "Assim a sombra do objeto caía sobre o ego, e o último podia ser julgado a partir desse momento por um agente especial, como se fosse um objeto, o objeto abandonado."

É provável, pelo relato de Freud, que as mulheres e os homossexuais façam uma escolha amorosa baseada no narcisismo. Se fossem mais autoconscientes, sofreriam menos. Em geral, os melancólicos de Freud são narcisistas que transformam o ódio contra si mesmos em problema para aqueles ao seu redor. Freud explica a mania numa base semelhante. A melancólica está envolvida numa luta interior, que termina quando ela finalmente desvaloriza o outro como alguém mau e, desfazendo de repente os laços, deleita-se num triunfante amor por si mesma.

Freud propôs a sua teoria dos transtornos de humor como uma tentativa. Tipicamente, essa postura era retórica. Freud introduzia idéias como especulações e depois as defendia como fatos, que é o modo como elas passaram para o cânone analítico. Na prática, *Luto e Melancolia* tornou-se a mais durável das obras mais curtas de Freud, influenciando gerações de terapeutas.

Em anos recentes, a depressão tem sido estudada de maneira extensa. O que sabemos provoca questionamentos sobre o relato da doença feito por Freud. A depressão é variada. Pode surgir em resposta a pequenos golpes em partes relevantes do cérebro. Ocorre espontaneamente, em pessoas com fortes predisposições genéticas. E é desencadeada por uma série de elementos de tensão. A perda de emprego, dinheiro, status ou relações pode causar episódios. Não há evidência de que esses bens precisem ser considerados de forma ambivalente. O fim de uma parceria que fornece apoio é uma freqüente causa de depressão. Todas as espécies de pessoas sofrem de depressão, as narcisistas e as abnegadas. E quando torna a se manifestar, a depressão tende a aparecer "do nada", de modo que o quinto ou o sexto episódios são freqüentemente "sem causa". O padrão sugere que um mecanismo fisiológico assumiu o controle e que os fatores psicológicos se tornaram menos relevantes. Se Freud via narcisismo e ambivalência em todos os seus pacientes deprimidos, ele estava olhando para uma série inusitada.

As observações de Freud conservaram-se firmes durante parte do tempo. Os depressivos podem ter sentimentos misturados sobre suas relações íntimas. Mas Freud talvez tenha se equivocado sobre a razão. A genética do que os pesquisadores chamam "caráter neurótico", um traço de personalidade associado com a dúvida de si mesmo, a ansiedade e outras emoções negativas, coincide em parte com a genética da depressão. Acontece que as pessoas que entram em relações com trepidação são também as pessoas propensas a transtornos de humor, na base da hereditariedade. Essa correlação não é surpreendente. Além disso, as crianças que sofreram abusos padecem de depressão na vida adulta, quando também correm o risco de formar pares com parceiros que não lhes dão apoio. Relações ruins podem terminar mal. O problema não é que o fim de uma certa espécie de relação (em que prevalece a ambivalência) causa depressão. É antes que as pessoas em relações difíceis são também as pessoas sujeitas à depressão em face da adversidade.

Quanto a auto-acusações, elas surgem na depressão e desaparecem quando a doença some. Uma baixa auto-estima é uma parte integrante da síndrome, ocorrendo mesmo quando a depressão resulta de um dano cerebral manifesto.

Freud havia construído um conto de moralidade: os desejos sexuais reprimidos dos pacientes — o seu amor culpado por um dos pais e o seu narcisismo — levavam a escolhas pobres do objeto amoroso, ao ódio de si mesmos, e finalmente a um represamento de energia. Esse relato afastou a psiquiatria de uma base sólida, a compreensão secular de que a depressão provém da hereditariedade, do estresse e da doença corporal, de maneira não específica. Em termos práticos, *Luto e Melancolia* foi uma narrativa infeliz, inspirando psicoterapias em que os depressivos eram catequizados a respeito de sua ambivalência ou insegurança, quando estavam simplesmente devastados.

No entanto, uma vez mais, Freud foi sábio nas suas observações cotidianas. Muitas vezes, no romance, escolhemos alguém cujas forças e fraquezas espelham as nossas próprias. Nós nos tornamos, assim, paralisados por nossos sentimentos misturados. Só nos desenredamos quando podemos odiar o outro e superestimar a nós mesmos. Essa seqüência não é um requisito para o transtorno de humor, mas Freud havia identificado um dos modos como o amor dá errado.

Luto e Melancolia representa um passo nos esforços de Freud para revisar o seu relato de como a mente opera, o que ele chamava a sua metapsicologia. Os primeiros artigos psicanalíticos de Freud abordam a mente por meio de dois modelos: o *topográfico* e o *dinâmico*. A topografia se refere a consciente e inconsciente, o alto e o baixo metafóricos que inspiraram o termo *psicologia de profundidade*. O dinamismo se refere às pulsões, em grande parte sexuais, e às distorções — sintomas, esquecimentos e lapsos de língua — que ocorrem quando as pulsões encontram obstáculos. Pouco depois, Freud acrescentou um terceiro modelo, o *genético*, que diz respeito à gênese ou desenvolvimento do eu. As crianças passam seqüencialmente por fases, quando as pulsões sexuais se concentram em diferentes partes do corpo, fases oral, anal e fálica. Discutindo a depressão, Freud acrescenta um quarto modelo, o *econômico*, e sugere um quinto, o *estrutural*.

A economia é uma noção que Freud havia usado nas suas primeiras teorias sobre as células nervosas. O sistema nervoso, ele acreditava, tem uma quantidade limitada de energia. O que está preso aqui não pode ser usado ali. Freud tinha tomado emprestado esse princípio, a conservação da energia, da física e considerava-o básico para qualquer empenho que esperasse reivindicar respeitabilidade científica. Na psicanálise, o modelo econômico é muito evidente nesse relato da depressão. Como a libido é ligada ao eu, o paciente não pode buscar novos interesses. O modelo econômico nunca foi convincente, nem mesmo para os seguidores de Freud. O que parece uma característica nossa, e de todos os animais, é que utilizamos quantidades diferentes de energia em tempos diferentes.

Mas *Luto e Melancolia* não olha só para trás. Contém indícios de novas linhas de pensamento a respeito das estruturas mentais. Descrevendo a depressão, Freud escreveu sobre a incorporação geral da imagem de um objeto, o amante perdido, no eu. E depois há aquela estranha referência ao ego (em alemão, simplesmente o *ich* ou "eu") e a um agente mental que julga o ego. Freud estava começando a preencher um mapa da mente com formas que cruzam a fronteira entre o consciente e o inconsciente.

Freud achou os últimos anos da guerra especialmente depauperadores. A vida no front doméstico era difícil, com escassez de alimentos e combustível. Por um artigo num jornal, Freud pedia para ser pago em batatas. Freud falava em palestras públicas do "excesso de brutalidade, crueldade e falsidade que agora tem permissão para se espalhar sobre o mundo civilizado". Perto do fim da guerra, Martin foi feito prisioneiro, e cessaram as suas notícias. Por fim, foi libertado. Mas então a gripe espanhola chegou a Viena, matando 15 mil pessoas. Martha ficou doente e foi enviada a um sanatório. Freud retirou-se para um spa com Minna. (Esse tipo de comportamento gerou especulações de que Freud e Minna tinham um caso amoroso. Jung disse certa vez que Minna lhe confessara essa relação, e a primeira correspondência de Freud o mostra escrevendo a Martha que Minna partilha com ele "a natureza louca e apaixonada". Mas a maior parte das evidências sugere que Freud foi um marido fiel.) Freud tinha sentimentos amargos sobre o que via como o cinismo dos Aliados, as nações civilizadas traindo os seus valores por meio do Tratado de Versalhes. Nessa atmosfera de desilusão, Freud fez uma mudança espantosa na sua descrição da motivação humana.

Como essa descrição enfatizava exageradamente as origens infantis das rupturas na vida adulta, mas também como Freud nutria uma noção romântica do combate militar, a psicanálise deixou de antever a extensão da doença mental que surgiria nos tempos de guerra. O choque da granada, a versão do transtorno de estresse pós-traumático da Primeira Guerra Mundial, revelou-se epidêmico. O choque da granada desafiava as teorias de Freud. O seu sintoma predominante era o pesadelo, um retorno em sonhos a uma experiência aterrorizadora. Era difícil estruturar uma nova interpretação do horror como uma realização de desejo.

O conflito inconsciente e o desejo sexual reprimido tampouco explicavam o transtorno. De forma bastante clara, o choque da granada nasce diretamente do trauma, de um modo correspondente a antigas teorias da doença mental — a constituição vulnerável e a tensão esmagadora, com o resultante dano para a mente. Um termo mais geral para o choque da granada era *neurose traumática*.

A neurose traumática colocava em questão o "princípio do prazer". A psicologia de Freud fora construída em torno da pulsão do sexo, a libido. Somos construídos para buscar o prazer, por meio da liberação da tensão sexual. Freud também reconhecia um papel para a autoconservação, a que ele dava o nome de "princípio de realidade". O princípio de realidade leva em consideração barreiras como as regras sociais. Essas obstruções requerem desvios, com resultante ansiedade, ou "desprazer", enquanto a tensão sexual aguarda a liberação. Ainda assim, a meta do princípio de realidade é o prazer.

Mas para os soldados traumatizados, o caminho para a ansiedade era direto. Eles tornavam a experimentar lembranças dolorosas, em desafio ao princípio do prazer. O que é pior, a sua compulsão à repetição se parecia com a transferência na psicanálise, quando os pacientes tornam a representar experiências dolorosas da infância.

Se a repetição não surge da repressão do desejo, mas apenas do trauma, então o método da análise perde a sua justificação. E quando a psicanálise se afastou da histeria, com seus sintomas sempre mutáveis, confrontou-se com pacientes cujo problema central era a repetição de comportamentos sociais autolesivos e de afeições dolorosas. Havia muitos pontos de semelhança entre os pacientes neuróticos e os soldados lesados. Se a libido não estava em ação no fenômeno central (repetição dolorosa) da doença mental provocada pela guerra predominante (neurose traumática), então a psicanálise tinha sérias limitações.

Em sua mediação sobre esses assuntos, *Além do Princípio do Prazer*, Freud considerava uma explicação óbvia para a repetição, a de que ela representa a necessidade de dominar o evento traumático. Ele não rejeitava inteiramente a idéia, mas ela se parecia muito de perto com as teorias de seus rivais, que preferiam propor a adaptação e o domínio, e não apenas o sexo, como os objetivos humanos básicos.

Freud preferia mover-se numa direção diferente. Ele sempre mostrara predileção por uma teoria biológica antiquada, também modelada pela física, segundo a qual os organismos querem atingir um estado de repouso — uma diminuição da excitação, de que a liberação sexual é o exemplo principal. Agora ele propunha um instinto ainda mais primitivo, retornar a uma estase absoluta, isto é, à morte. Estava tomando emprestado outro princípio da física, a entropia, segundo o qual sistemas complexos se desfaziam. Mais uma vez, Freud sublinha a natureza especulativa de seu novo modelo, mas conclui: "*[O] objetivo de toda vida é a morte.*"

A idéia parece ser contra o darwinismo. Como é que uma pulsão de morte, presente desde o nascimento, ajuda na sobrevivência de um animal? Tampouco é intuitivo que um *Todestrieb* explique o choque da granada. Se somos instintivamente atraídos para a morte, por que a guerra é traumática? Mas a característica mais estranha do princípio do desprazer é a sua relação com o resto da teoria cuidadosamente criada por Freud. Se a autodestrutividade é inata, então não precisamos de um complexo de Édipo para explicar a neurose nem de uma ambivalência em relação ao amado para explicar a depressão.

Dizer que a pulsão de morte contradiz Darwin é também dizer que é profundamente antimédica. A explicação mais parcimoniosa do choque da granada é que se trata de um dano. Danificados, o cérebro e a mente empacam num circuito fechado vão. Um registro fonográfico não precisa de um instinto de morte para se repetir interminavelmente; precisa apenas de um arranhão. Num sentido, o fato de Freud recorrer a uma pulsão de morte revela como todo o seu empreendimento havia se posicionado, ao longo do caminho, em oposição à simples noção de doença. Na doença mental, como na doença do coração e do fígado, os sintomas talvez não simbolizem nada. Podem simplesmente manifestar a ruptura do funcionamento normal.

Freud negava que a sua atitude de deslocar a morte para o primeiro plano estava baseada na sua experiência pessoal. Em 1920, a sua amada filha Sophie morreu durante a gravidez, uma vítima mais tardia da pandemia de gripe. Mas Freud andara trabalhando no seu ensaio antes da morte de Sophie. Confirmando a negação de Freud, existem as suas cartas, que mostram como o trabalho amortecia a sua dor. Depois da morte de Sophie, Freud escreveu a Ferenczi: "Não fosse por um pouquinho mais de cansaço, sou o mesmo." Mas, desde a metade da sua vida, Freud fora obcecado pela sua própria morte, predizendo-a por meio de cálculos baseados na numerologia de Fliess. Talvez seja principalmente nesse contexto que a mudança na ênfase é memória mascarada. Sempre fascinado pela morte, e já então cansado nos seus 60 anos, Freud sentia-se atraído pela morte.

Os psicanalistas sentiam-se — e continuaram a se sentir — desconfortáveis com o instinto de morte, ou Tânatos. Se um paciente adota comportamentos que abalam o seu ser, vai contra o ímpeto da análise dizer que essas tendências são simplesmente naturais, um resultado do que Freud então chamava "masoquismo primário". Além disso, o instinto de morte torna a meta da análise confusa. A repressão sexual pode ser dissipada, libertando o paciente para desfrutar a satisfação genital. Mas satisfazer a pulsão de morte é incompatível com o tratamento bem-sucedido. Freud nunca integrou o instinto de morte na prática clínica. Em vez disso, passou rapidamente a equiparar Tânatos à agressão, chamando-o "um instinto de destruição dirigido contra o mundo exterior e outros organismos".

Durante o quarto de século anterior, o que fora cativante era a capacidade de Freud para explicar a doença mental e a personalidade em termos de um único impulso, o sexo. No caso do pequeno Hans, por exemplo, Freud argumentara contra "a existência de um instinto agressivo especial, ao lado do instinto familiar da autopreservação e do sexo, e em pé de igualdade com eles". Adotar a agressão como uma pulsão contribuiu para uma psicologia menos surpreendente. Mas então Freud estava se movendo — pouco à vontade, com um grau de irritabilidade a serviço de suas teorias anteriores — na direção da convencionalidade. Logo Freud perguntaria: "Por que nós próprios precisamos de tanto tempo para decidir reconhecer um instinto agressivo?"

Como muitas das inovações de Freud, a pulsão de morte era um comentário social à guisa de psicologia individual. Antes da Primeira Guerra Mundial, Freud fora otimista a respeito do poder da sublimação, como uma fonte de arte e ciência, e geralmente esperançoso quanto ao destino dos Estados-nações. Ele fracassara em predizer o papel destrutivo que seria desempenhado pelo que ele mais tarde consideraria formas malignas de sublimação — a ideologia e o nacionalismo. Reconhecendo pulsões agressivas, por meio do instinto de morte, Freud se posicionava para tratar do que a guerra tornara evidente, que milênios de civilização não haviam mitigado a tendência dos seres humanos, agindo em grupos, a adotar comportamentos destrutivos irracionais e autodestrutivos.

Dentro da década de 1920, Freud continuou a mexer com a sua metapsicologia, elaborando os indícios, oferecidos em *Luto e Melancolia*, de que a mente contém estruturas separadas. Ao dividir a mente simplesmente em consciente e inconsciente, Freud havia criado dificuldades. É claro que nem tudo que permanece fora da consciência é reprimido. É só pensar no primeiro exemplo de pensamento inconsciente apresentado por Breuer, a ansiedade experimentada por um médico que ainda não fez sua ronda de visitas. A idéia fora da consciência, "eu devia cuidar dos meus pacientes", é não só socialmente sancionada como congruente com a identidade do médico. Se pensarmos sobre o self — o "eu" a que nos referimos quando pensamos sobre "quem sou eu" —, descobriremos que muitos de seus aspectos são como a ansiedade do médico. Por meio de uma consciência externa, eles não são produtos de impulsos proibidos. Esse aspecto socialmente aceitável da mente não é a mesma espécie de coisa a que nos referimos como "o inconsciente", quando esse termo se refere a pulsões perigosas que causam sintomas e falhas de caráter. O inconsciente não é uma entidade unificada.

Há um problema ainda pior. O self que participa do tratamento analítico, a estrutura que Freud chamará de ego, logo ergue obstáculos, chamados resistência, por razões que o self não pode compreender. Isto é: parte do ego (quando ele interfere no tratamento) é desconhecida para o ego (quando ele tenta cooperar). Igualmente, a parte do ego que participa fazendo compromissos, como sintomas ou lapsos de língua — a parte do ego envolvida na repressão —, parece operar fora da consciência.

Outros fenômenos cotidianos também parecem cruzar a linha divisória entre o consciente e o inconsciente. Podemos ser dilacerados entre o desejo e o dever quando estamos conscientes de ambos. Além disso, podemos ser atormentados por um senso de obrigação, de um modo que vai além do que nós, por nossa própria conta, consideramos razoável — como se um juiz irracional estivesse punindo o ego. Esse juiz é versado nos valores da cultura, e assim não é claramente a parte primitiva do cérebro que contém o desejo animal, a parte que Freud chamaria o id. Evidentemente, guardamos princípios morais de um modo que se estende para além da mente consciente. A idéia de Freud a respeito desse problema é visível naquela frase poética, em *Luto e melancolia*, em que ele se refere a um agente especial que julga o self. A palavra que Freud cunhará para o agente especial é o *supereu*, ou superego. Embora Freud fosse incoerente nesse ponto, o superego, como o ego, deve ter aspectos conscientes e inconscientes. Nessa nova metapsicologia, as lutas importantes na mente são menos sobre as linhas topográficas, o consciente versus o inconsciente, do que entre as três estruturas: id, ego e superego.

Ao discutir o superego, Freud começa com um mecanismo que ele invocou em sua discussão da depressão: a introjeção. Uma representação de outra pessoa é incorporada no self e ali persiste. No caso da estrutura que julga, o que foi incorporado é o pai com seus aspectos admirados e temidos. Inicialmente, Freud chamava essa estrutura o "ideal do ego" e atribuía-lhe "a auto-observação, a consciência moral, a censura dos sonhos e a principal influência da repressão". Mais tarde, o ideal do ego se referia a uma imagem de perfeição, um padrão a que o superego se refere quando critica o self.

Desde o momento em que foi proposto, o superego foi um conceito controverso. Os críticos se perguntavam por que apenas o pai, e não a mãe, é absorvido numa estrutura especial de auto-avaliação. Freud havia enfatizado que uma mãe admiradora confere ao jovem filho uma auto-estima positiva que persistirá na vida adulta. Essa atitude bem que poderia estar contida no superego. Em termos mais amplos, por que a introjeção é vital — a incorporação indiscriminada de um pai juiz? Por que não dizer que começamos com certas inclinações temperamentais, digamos, para a ansiedade e a culpa, e depois aprendemos valores de maneiras diferentes, de modo que construímos uma consciência baseada nos ensinamentos de pai e mãe, amigos e mentores, e da sociedade em geral? Certamente que o superego rígido é uma estrutura contingente, apenas presente em pessoas sujeitas a um certo tipo de pais ou dotadas de uma certa predisposição. Uma vez mais, era possível pensar que Freud apenas generalizara a partir de uma parte perturbadora de sua própria constituição — transformando traços obsessivos, como a dúvida de si mesmo, em elementos universais.

Mas Freud compreendia o superego aviltante como um elemento fixo da mente humana. Eis um ponto em que o namoro de Freud com a teoria evolucionista de Lamarck entrou em ação. Em *O Ego e o Id*, Freud liga a origem do superego ao totemismo e ao patricida culpado do bando — um evento histórico que é repetido e finalmente herdado, como um aspecto da mente. A culpa pelo assassinato do pai, escreve Freud, distorce o ego a ponto de deixar marcas permanentes no id. "Assim, no id, que é capaz de ser herdado, são abrigados os resíduos das existências de inúmeros egos; e, quando o ego forma o superego a partir do id, talvez esteja apenas revivendo formas de egos antigos e levando-os a ressuscitar." Não só o pai da criança, mas também os pais brutais do homem primitivo estão ativos dentro da parte da mente que julga o self.

Id, superego e ego entraram no uso comum do inglês. O id expressa as pulsões básicas; o superego impõe os valores da cultura; e o ego enfrenta as demandas da realidade externa, atuando como um mediador entre o id e o superego. Como apontou Jonathan Lear, esses conceitos correspondem aos aspectos da psique reconhecidos por Sócrates: apetite, ou desejo do prazer; espírito, ou desejo da honra; e razão, ou desejo da verdade. Modelos semelhantes de motivação são recorrentes ao longo dos séculos em relatos religiosos e filosóficos da natureza humana. Freud confirmaria tal coisa ao apresentar o seu plano com detalhes em 1923: "Tudo isso se alinha com distinções populares com as quais estamos todos familiarizados."

Aparentemente, o fato de Freud adotar um modelo estrutural é uma concessão de derrota. Ele já não podia explicar o comportamento humano baseando-se exclusivamente na sexualidade infantil e no inconsciente. A primeira terapia freudiana era mágica. Pacientes gravemente doentes se recuperavam quando confrontavam pensamentos e desejos reprimidos. A terapia freudiana posterior é mais difusa e mais prosaica. Adota não só impulsos sexuais inconscientes, mas também (pela atenção ao modelo genético) a história do desenvolvimento pessoal, (pela economia) as ligações na vida adulta, e (pela estrutura) os conflitos entre os valores. O comportamento repetido de minar o próprio self tem a sua explicação pela pulsão de morte. Freud trabalha para explicar como essas perspectivas se interconectam. Mas, na prática, se um paciente se queixa de um sintoma, o analista pode tratá-lo por meio de qualquer uma dentre meia dúzia de abordagens, que cobrem a maior parte do que poderíamos imaginar como elementos que informam a constituição de uma pessoa, das tendências inatas aos primeiros anos de vida em família, às relações adultas e aos ideais.

O modelo tripartite da mente é especialmente mundano. Permite atenção ao ego, uma entidade que é semelhante ao self. O ego começa no corpo, de modo que uma boa saúde é uma "força do ego", assim como a visão e a audição. Com alguma mediação exercida pelo id, o ego passa a incluir a maioria dos elementos do temperamento conhecidos pela psicologia durante toda a história ocidental. As inclinações emocionais e o estilo cognitivo são características do ego. A atenção ao ego representa uma enorme porta dos fundos, pela qual quase toda técnica terapêutica imaginável pode entrar na psicanálise, com o pretexto de que precisamos reforçar o self contra os instintos superativos e a consciência punitiva.

Com o tempo, grande parte da psicanálise viria a focalizar um conjunto de funções do ego, as defesas. As defesas são mecanismos de repressão, modos de ignorar desejos perigosos ou estabelecer compromissos entre as demandas das estruturas mentais. A sublimação e a projeção, que já encontramos, são defesas. Esses conceitos, junto com outros explorados na década de 1930 pela filha caçula de Freud, Anna (incluem a racionalização, a regressão, a intelectualização e a negação), entraram na linguagem cotidiana em grande parte porque as defesas são também modos de enfrentar os desafios. Quando ameaçada, uma pessoa tende a intelectualizar; outra, a projetar. Quando dizemos que alguém está "na defensiva", não queremos dizer que não consegue reconhecer as suas pulsões sexuais. Queremos dizer que ele se protege contra as nossas críticas sem lhes dar a devida consideração. Com a delineação do ego, a psicanálise começou a se mover da atenção ao material reprimido para a atenção às maneiras características de enfrentar o mundo.

A Grande Guerra foi um momento crítico. Levou Freud a abandonar uma série de visões otimistas sobre o insight para o indivíduo e a sublimação para a espécie. Depois da guerra, Freud acomodou suas idéias idiossincráticas numa psicologia comum viável, que era, entretanto, consideravelmente menos característica do que qualquer uma das teorias audaciosas que haviam feito o seu nome.

XII

Cultura

"Nada de Prêmio Nobel 1917", anotou Freud em seu calendário, em abril daquele ano. Ele nunca receberia essa distinção, embora em 1928 Bertrand Russell, Lytton Strachey e Thomas Mann tivessem apoiado a sua indicação. Em 1930, Freud receberia o Prêmio Goethe da cidade de Frankfurt. Diz-se freqüentemente que o Prêmio Goethe reconheceu as contribuições literárias de Freud, e não as científicas, mas, apesar de ter o nome de um escritor, o prêmio sempre teve um amplo alcance. Reconhecimento formal à parte, Freud atingiu o status a que havia aspirado desde os seus primeiros anos. Ele era um grande homem, uma posição que ocuparia com algum garbo.

Freud tinha, por exemplo, pouco interesse pela celebridade nos meios de comunicação de massa. Em 1924, quando os adolescentes Nathan Leopold e Richard Loeb foram julgados pelo crime da década — tinham cometido um assassinato aleatório *à la* Raskólnikov, protagonista de *Crime e Castigo* —, os magnatas da imprensa Robert McCormick e William Randolph Hearst propuseram, cada um por si, fretar um vapor para levar Freud à América a fim de analisar os rapazes. Freud recusou. Meses mais tarde, Samuel Goldwyn foi à Europa disposto a oferecer a Freud cem mil dólares por uma consulta sobre questões do amor, para o cinema. Freud estava então cobrando vinte dólares por hora como analista. Conta-se que respondeu com uma única frase: "Não pretendo ver o sr. Goldwyn."

Freud tinha aspirações mais grandiosas. O seu trabalho nas décadas finais tratavam de questões fundamentais. Por que sofremos? Em que devemos acreditar? Podemos governar a nós mesmos? Podemos viver em paz? A contribuição de Freud à estrutura teórica da psicanálise, a perspectiva estrutural, pode ser vista como um passo na adoção desse novo papel, como crítico social e filósofo. A caminho de consolidar o seu pensamento, em *O Ego e o Id*, Freud havia apresentado de antemão os seus conceitos, a introjeção e o superego, num artigo sobre psicologia de massa. Freud esperava iluminar questões que a Primeira Guerra Mundial trouxera para o primeiro plano, a tendência dos indivíduos a se comportar mal em grupos e a prestar aos líderes uma obediência cega.

A Psicologia de Grupo e a Análise do Ego, publicado em 1921, é uma amplificação do que era então o livro definitivo sobre o assunto, *A Psicologia das Multidões,* de Gustave Le Bon. O objetivo de Le Bon era explicar um fenômeno peculiar: a substituição de inteligências individuais pela mente coletiva. Escrevendo em 1895, ele respondia em termos do inconsciente e da adequação peculiar entre o grupo, cuja faculdade crítica fora diminuída, e certos líderes que possuem uma qualidade que Le Bon chamava prestígio.

O texto de Le Bon sublinha a predominância, no final do século XIX, da crença na operação ativa de forças inconscientes. Ele escreve sobre "a verdade estabelecida pela psicologia moderna, de que os fenômenos inconscientes desempenham um papel completamente preponderante, não só na vida orgânica, mas também nas operações da inteligência [...]. A maior parte de nossas ações diárias é o resultado de motivos ocultos que escapam à nossa observação". Embora admirador em termos gerais, Freud na verdade acha Le Bon pouco original sobre temas como o inconsciente e a "mente de grupo".

Freud quer melhorar o trabalho de Le Bon abordando o seu relato em termos psicanalíticos. A chave para a psicologia de massa, acredita Freud, é uma compreensão da estrutura da mente que julga a si mesma. Ele se baseia mais uma vez na sua crença de que um patricida pré-histórico continua a modelar a psique moderna, na forma de culpa e amor ambivalente em relação a um pai perdido. A nossa pré-história nos deixa dispostos a nos identificar com um líder, superestimar o seu valor e colocá-lo no lugar de nosso ideal do ego. O processo vai além da metáfora. O líder escolhido e exaltado é incorporado como um aspecto de nossa mente, a nossa consciência. Um grupo é simplesmente "*vários indivíduos que colocaram o mesmo objeto no lugar de seu ideal do ego*". Os indivíduos são temporariamente sustentados pela sua ligação com um ser que idealizaram, mas eles abriram mão de seu julgamento independente.

Num certo sentido, Freud meramente reafirma o problema — a dissolução da vontade individual na multidão, a perda da faculdade crítica. O que ele faz, suplementando uma sociologia razoável com uma antropologia fantástica. Mas, como de costume, os detalhes questionáveis não negam o efeito principal vigoroso.

Para Freud, a individualidade é um desenvolvimento histórico em desacordo com a nossa natureza de criaturas tribais. Além disso, somos chauvinistas e narcisistas, com uma tendência a escolher líderes que se parecem conosco.

Em termos freudianos: "Em muitos indivíduos, a separação entre o ego e o ideal do ego não é muito avançada." O resultado é que — por meio da identificação, projeção e introjeção — participamos dos excessos do comportamento de massa. Outros previram antes de Freud os perigos do nacionalismo, da ditadura moderna e da guerra total. Ainda assim, *A Psicologia de Grupo* contém um aviso, que só pode ser considerado presciente, sobre o totalitarismo, alimentado pelo fanatismo, que dominaria o restante do século.

No final da década de 1920, Freud tornaria a examinar esse território muito notavelmente em *O Mal-Estar na Civilização*. Nesse livro, Freud volta-se diretamente para os benefícios e limitações da cultura, uma palavra que ele usava permutavelmente por civilização. A forma do argumento de Freud serve para localizá-lo historicamente. Embora ele tenha escrito *O Mal-Estar na Civilização* em resposta à tecnologia moderna e aos movimentos ideológicos, o livro bem que poderia ser considerado o último documento do Iluminismo. Thomas Hobbes baseou a sua filosofia política no mito do homem primitivo protegido da guerra de todos contra todos pelo contrato social. Jean-Jacques Rousseau empregou um mito oposto, o do nobre selvagem corrompido pela cultura. A obra de Freud é desse tipo, a teorização política nascendo de sua "simples história" sobre as origens da sociedade.

Vinda de sua parte, a questão central de Freud é estranha. Ele pergunta por que, se somos governados pelo princípio do prazer, alcançamos tão pouco desfrute. Dez anos antes, em *Além do Princípio de Prazer*, ele havia respondido a essa questão quando escreveu que os humanos herdam um princípio do desprazer pelo qual o objetivo de toda vida não é a alegria, mas a morte. Mas o princípio do desprazer era principalmente a maneira de Freud reconhecer a importância da agressão. Em *Mal-Estar*, Freud começa tirando a ênfase de nossa inclinação inata para a dor a fim de poder afirmar que a felicidade é nosso objetivo exclusivo. Ele depois pergunta por que a cultura serve tão mal a esse fim.

Freud divide a diferença com Hobbes e Rousseau. Por natureza, somos tanto agressivos como eróticos. Freud adota uma visão grandiosa dessas forças. Eros, em particular, estende-se muito além do sexo para representar uma necessidade geral de síntese. Eros rege a evolução dos organismos unicelulares para animais multicelulares. Serve também a uma função antropológica, impelindo a formação de grupos sociais cada vez maiores. Mas o sexo e a agressão continuam pulsões de desenvolvimento nas crianças e motivações nos adultos. Como a vida em grupo exige a canalização dos instintos, Eros como a força por trás da cultura entra em conflito com Eros como luxúria.

Freud empresta a essas meditações um molde moderno, tecendo um relato divertido das bênçãos mistas da tecnologia. O telefone nos informa que os nossos filhos chegaram em segurança na sua viagem, mas sem o vapor eles não teriam saído de casa. Entre os benefícios mais claros da civilização, Freud enumera "a beleza, a limpeza e a ordem". (O sabão está no alto de sua lista de invenções benéficas.) Mas nenhuma bênção é sem mistura.

Considere-se a limpeza. As crianças pequenas sentem prazer na excreção, o prazer que Freud chama erotismo anal. Mais velhos, os humanos sublimam, desviando essa energia instintual para a arte, a ciência e os negócios. Mas qualquer inibição representa uma perda de satisfação sexual direta. Por que firmamos esses compromissos? Ou a civilização causa a repressão, ou então algo repressivo em nossa natureza inspira a civilização.

Quanto ao sexo, a evidência é mista. O sexo, escreve Freud, é o modelo para a felicidade. Mas, em parte devido à necessidade de o homem obter uma mulher particular, o sexo leva ao amor, que leva a famílias — que entram em conflito com grupos maiores. As mulheres se ressentem da invasão da sociedade na família e tornam-se hostis para com a civilização, especialmente porque as mulheres são mal equipadas para transformar os seus instintos em realizações culturais. ("A obra da civilização tem se tornado cada vez mais a atividade de homens, confronta-os com tarefas cada vez mais difíceis e compele-os a realizar sublimações instintivas de que as mulheres são pouco capazes.") As ligações, como a lealdade para com o grupo, que formam a base da sociedade mais ampla, levam a inibições do prazer libidinal promíscuo. Inevitavelmente, o sexo é rebelde e a sociedade é repressiva.

Mas esse relato talvez seja demasiado unilateral. E nesse ponto Freud se volta para uma teoria que remonta aos anos com Fliess, cujas noções de periodicidade estavam ligadas aos efeitos olfativos da menstruação sobre os homens. Com a adoção de uma postura ereta, o homem passou a confiar menos no olfato e mais na visão como estímulo sexual. Ele também adquiriu a vergonha com a exposição de seus órgãos genitais. E, quando os odores antes estimulantes perderam o efeito e passaram a ser até desagradáveis, ele perdeu a intensidade da liberação sexual.

Assim, a repressão e a inibição talvez sejam anteriores à sociedade ou apareçam simultaneamente com ela. E nesse ponto Freud acrescenta outra sugestão mística sobre o sexo: "Às vezes parece que percebemos que não é apenas a pressão da civilização, mas algo na natureza da própria função, que nos nega a plena satisfação e nos impele ao longo de outros caminhos." A insatisfação sexual é o modo de a natureza criar a civilização.

Entre parênteses, a teoria freudiana do odor está quase evidentemente errada. Como resultado de viverem nas árvores por 30 milhões de anos, os nossos ancestrais macacos desenvolveram cérebros dedicados cada vez mais à visão e menos ao olfato. Em geral, os primatas recebem 80% de suas informações por meio da visão. Se houve uma era dourada do cheirador, os humanos não estavam por perto para desfrutá-la.

Não é somente o sexo bom (e seu benefício, livrar-se da neurose) que é incompatível com a cultura. Freud chegou ao ponto de considerar a agressão ou a postura agressiva como um prazer primário. Os homens, ele escreve, "não se sentem confortáveis sem a agressão". A nossa necessidade de uma atitude agressiva dá origem ao que Freud chama, de forma maravilhosa, "o narcisismo das pequenas diferenças", como, por exemplo, entre os espanhóis e os portugueses ou entre os ingleses e os escoceses. (O comentário de Freud nessa arena é demasiado despreocupado para ser considerado profético, embora ele mencione realmente os pogroms contra os judeus.) Nenhuma forma de organização social pode domar a inclinação para a agressão. Isso, receia Freud, é demasiado óbvio — um desperdício de papel, tinta e trabalho de impressora.

O que torna a crítica de Freud distinta é a sua crença de que o nosso desenvolvimento e a nossa natureza nos fazem suportar dentro de nós mesmos as fontes de nossa infelicidade. A estrutura da família acarreta ambivalência em relação ao pai, o que dá origem ao superego punitivo. A nossa consciência nos pune pelos mesmos pensamentos que nos levariam a buscar o prazer. O superego exige a renúncia do instinto.

Mudanças nos métodos dos pais moderariam o superego? Talvez. Mas até crianças mimadas, observa Freud, podem se tornar neuróticas. O superego é em grande parte herdado, com base no patricídio primordial. E nesse ponto Freud acrescenta que não importa com que freqüência esse assassinato realmente ocorreu: "Se alguém matou o próprio pai ou absteve-se de fazê-lo, não é realmente o ponto decisivo. Estamos fadados a sentir culpa em qualquer um dos casos, porque o sentimento de culpa é uma expressão do conflito devido à ambivalência, a eterna luta entre Eros e o instinto de destruição ou morte." Não precisamos estar conscientes dessa culpa. Até a culpa inconsciente inibirá o nosso prazer. Talvez, especula Freud, não sejam apenas os indivíduos, mas também os grupos, como os judeus, que possam ser atormentados com um superego exageradamente ativo. Não podemos ser felizes, porque tanto a genética como a cultura requerem a presença de uma autoridade repressiva dentro de nós.

Freud vê um benefício na repressão. Ela refreia a nossa tendência ao incesto, ao estupro e ao assassinato. O descontentamento pode ser o nosso destino, mas precisamos da civilização. Na sua peroração, Freud sugere uma saída. Ele parece equiparar Eros e civilização, como forças potencialmente equipadas contra a morte e a agressão. O sexo e a cultura talvez permitam a nossa sobrevivência por um triz. Mas então Freud menciona uma nova forma de ansiedade, a respeito da perspectiva de adquirirmos o poder tecnológico de exterminar toda a humanidade.

O Mal-estar na Civilização se mantém como uma objeção contra o utopismo político. Nenhuma forma de organização social pode nos fazer felizes, porque a vida em grupo exige a inibição do instinto. Ao mesmo tempo, é provável que nenhuma tentativa de suprimir o instinto agressivo tenha sucesso, por isso nenhum governo pode nos garantir segurança.

O argumento de Freud é peculiarmente antiquado, ciência política baseada num mito da criação. Às vezes Freud parece perturbadoramente longe do alvo. Sim, Karl Marx teve seus momentos utópicos juvenis — mas até que ponto é central para o argumento do socialismo a crença de que nos deixará mais satisfeitos sexualmente e menos dominados pela culpa? Devemos acreditar que as formas de governo são irrelevantes para a felicidade humana? As forças já em ação na Europa logo provariam o contrário.

Entretanto, o estranho raciocínio de Freud contém a sua cota de sabedoria. A sua ênfase na consciência e na introjeção aponta na direção da autocensura prévia que surge nos regimes totalitários. Se muitos aspectos específicos estão errados, o pessimismo de Freud expressa uma adaptação aos sobretons sinistros dos anos entre as guerras. E certamente a premissa abrangente de Freud está correta: a de que só podemos esperar esse tanto dos sistemas políticos — talvez alívio do pior sofrimento, mas sempre a um certo preço.

XIII

Limitações

A mudança de foco de Freud, do indivíduo para a sociedade, aconteceu junto com uma mudança nas suas próprias circunstâncias. Havia muito tempo se considerava velho, e fora sempre fixado na morte. Em 1923, ele se confrontou com um indicador concreto da mortalidade. Por seis anos, soubera de uma lesão na boca. Agora ela requeria um diagnóstico. Ele procurou uma série de médicos, esperando evitar a exigência inevitável de parar de fumar charutos. O resultado foi que se colocou nas mãos de um cirurgião incompetente, que o submeteu a uma operação sangrenta seguida por tratamentos dolorosos de radiação para o que era obviamente um câncer incurável.

Havia outras razões para desânimo. Uma sobrinha amada acabara de se suicidar. Em seguida, o neto favorito de Freud, filho de Sophie, morreu de tuberculose. Freud entrou num intervalo de depressão em que dizia já não ter afeição pelos netos.

Em parte por causa de seu estado debilitado, os colegas e os médicos de Freud o protegiam de seu próprio diagnóstico. Mas seguiram-se outras cirurgias, requerendo próteses para separar as cavidades oral e nasal. Freud recuperou sua saúde e seu nível de energia, mas sua fala e audição permaneceram danificadas. Ele tinha dores freqüentes e precisava de repetida atenção médica para revisar as próteses e a cirurgia.

Freud tinha se cansado de cuidar de pacientes. A um colega, escrevera: "Em primeiro lugar, eu me canso das pessoas. Em segundo lugar... não estou basicamente interessado na terapia, e em geral acho que estou envolvido — em todo caso particular — com os problemas teóricos que por acaso me interessam à época... Sou também demasiado patriarcal para ser um bom analista." A outro colega, Freud escreveu que tentava evitar pacientes gravemente doentes. Ao mesmo tempo, ele achava o trabalho com os neuróticos repetitivo. Nesse ponto, ele sugeria que já não se fiava na sua prática clínica como uma ajuda para desenvolver as suas teorias.

Mas questões financeiras exigiam que Freud continuasse a ver os seus pacientes. Grande parte do que sabemos sobre seu estilo provém desses últimos anos. Freud era famoso, e assim os seus clientes mantinham diários. No final da década de 1920, uma paciente de Freud — ela se tornou mais tarde a companheira de Anna — lhe deu um chow-chow. Freud se apegou ao cachorro e, desde então, era acompanhado nas suas sessões por um dentre uma série de chow-chows. Eles representavam mais que uma lembrança.

Muitas das análises de Freud nesses anos tinham dupla finalidade, servindo como tratamento e treinamento para futuros terapeutas. Quer por essa razão, quer por ele sempre fazer o que lhe agradava, Freud era didático, insistindo em suas interpretações e explicando-as com detalhes, em termos de suas teorias. Embora nos seus escritos Freud enfatizasse a interpretação da transferência, na prática gostava de ser admirado e aceitava presentes. Com pacientes favoritos, ele deixava a conversa derivar para áreas de seu interesse, discutindo a sua coleção de antiguidades e permitindo que algumas peças fossem examinadas. Vários pacientes tinham contatos sociais com Freud e sua família. Com os menos apreciados, Freud sabia ser severo. Ele disse a um paciente que a análise não faria progressos se ele não parasse de se masturbar. Advertiu outra (que talvez tenha estado envolvida num caso amoroso com o filho de Freud, Martin) que não devia fazer nenhuma espécie de sexo durante toda a análise. Alguns pacientes acreditavam que as sessões eram proveitosas. Muitos não pensavam assim, um resultado surpreendente, dado o renome de Freud e o poder da expectativa.

Joseph Wortis, um psiquiatra americano que permaneceu cético a respeito da psicanálise, procurou Freud em meados da década de 1930 e contribuiu com um relato oblíquo sobre a sua forma de trabalhar. Freud não era jamais um observador neutro, mas sempre um advogado de suas doutrinas. Quando Wortis fazia uma associação com o símbolo de um sonho, Freud "esperava até encontrar uma associação que se ajustasse a seu esquema de interpretação e então a escolhia, assim como um detetive, diante de uma fileira de indivíduos para identificação, espera até ver o seu homem... [O] procedimento está longe de ser à prova de tolices e presta-se facilmente a conclusões pseudocientíficas a partir de uma base arbitrária". Wortis achava Freud tendencioso e, o que talvez seja pior, atrasado em relação à época.

Perto do início do tratamento, por exemplo, Freud informou Wortis de que a psicanálise requer um grau de honestidade que é impossível na sociedade burguesa. Wortis respondeu que respondeu que, "ao contrário, nunca havia pensado que teria de praticar qualquer grau considerável de dissimulação ou desonestidade na sociedade em que me movia, muito menos com meus bons amigos". Wortis se perguntava "se as teorias freudianas de repressão não estavam limitadas, na sua aplicação, ao tipo de sociedade em que ele ainda parecia viver". "O grupo social e a geração" de Wortis falavam abertamente sobre sexo. Parecia a Wortis que, na esteira dos ruidosos anos 1920, Freud ainda estava lutando as batalhas da década de 1880.

Wortis se preocupava especialmente com o fato de Freud ter convicções atrasadas e fixas sobre a homossexualidade, um tópico que interessava a Wortis como pesquisador. Freud informou a Wortis que a homossexualidade é "algo patológico... um desenvolvimento interrompido", como ter 1,52m de altura quando você deveria ter 1,82m. Essa analogia incluía a possibilidade de que os homossexuais podem ser "pessoas perfeitamente decentes". Mas Freud insistia que a repressão de inclinações homossexuais era útil. Impor a "decência" gerava energia criativa por meio da sublimação.

Quando Wortis perguntou por que não deveríamos todos agir de acordo com nossas pulsões bissexuais, Freud o repreendeu: "A sua atitude me lembra uma criança que acabou de descobrir que todo mundo defeca, e que então exige que todo mundo defeque em público; não pode ser." Quando Wortis perguntou o que havia de errado com a prática da homossexualidade, Freud respondeu que "as perversões são biologicamente inferiores" e devem continuar a ser toleradas, mas restritas ou escondidas, para o bem da sociedade.

Freud falava de um tipo de homossexualidade causada por um complexo paterno. Disse a Wortis que, quando a mãe morre de parto e o pai cria o filho, "[o] menino em geral se tornava homossexual" por causa de uma ansiedade de castração exagerada. Essa teoria estava em óbvio contraste com a que Freud discutira ao escrever sobre Leonardo — a homossexualidade causada pelas atenções da mãe solteira. Quando Wortis sugeriu que os casos de pais solteiros seriam um bom tema para estudo, Freud foi contra, dizendo que a pesquisa empírica é desnecessária: "Sabemos o resultado sem pesquisa."

Freud oscilava sobre os perigos da homossexualidade. Em 1935, ele enviou uma carta bondosa à mãe de um homossexual. Freud escreveu que a condição "não é nada de que deve se envergonhar, não é vício nem degradação, não pode ser classificada como uma doença" — mas ele também repetia a formulação que apresentara a Wortis, a de que a homossexualidade significa uma "interrupção do desenvolvimento sexual".

A homossexualidade continuou a ocupar a mente de Freud. Não era tanto a condição plena que o preocupava. Freud agrupava a "inversão sexual" com as perversões, uma classe que abrangia a coprofilia, a necrofilia e a pedofilia. Mas ele demonstrava uma admiração relutante pela perversão, como um indicador da "onipotência do amor". A homossexualidade latente era outra história. Freud via perigos em tendências homossexuais nos heterossexuais, como indicam os casos Frink e Ferenczi. Perto do fim da sua vida, Freud passou a acreditar que as inadequações na diferenciação sexual — masculinidade insuficiente nos homens e feminilidade insuficiente nas mulheres — explicavam o fracasso de muitas análises.

Ele explorou esse tema na sua obra tardia *Análise Terminável e Interminável* (1937). Combativo até o fim, Freud começa o ensaio descartando Otto Rank e sua tentativa de encurtar os tratamentos. Freud prefere os seus próprios métodos. Ele os ilustra tomando como referência o caso do Homem dos Lobos — que ele continua a considerar uma análise bem-sucedida, apesar do aparecimento, depois do tratamento, de "ataques da doença" com um "sabor nitidamente paranóico". Freud passa a humilhar Sándor Ferenczi, o adepto de tantos anos que, tarde na vida, tentara acelerar as análises oferecendo aos pacientes um apoio ativo.

Mas se os métodos dos outros são falhos, até a psicanálise clássica tem as suas limitações. Alguns instintos, Freud então acreditava, são demasiado poderosos para serem domados. Algumas defesas servem como resistências, levando o paciente a ignorar as interpretações perspicazes do analista. Como o governo e a educação, a psicanálise pode ser uma "profissão impossível", em que resultados insatisfatórios não são agradáveis, mas de esperar.

Os temas com mais probabilidade de frustrar o tratamento são a inveja do pênis nas mulheres e a ansiedade de castração nos homens, quando geram passividade. A passividade não é evidente apenas em pacientes (como Frink e Ferenczi) que se mostram indecisos no amor. A passividade pode se transformar em "protesto masculino", uma pseudo-autonomia que faz com que um homem resista a aceitar o analista como um substituto-do-pai, em relação a quem deveria sentir gratidão. Da mesma forma, a inveja do pênis faz com que uma mulher fique deprimida na análise e acredite que o tratamento será em vão. Essas formulações voltam às primeiras obras de Freud. A idéia de que os pacientes podem ter a intenção de frustrar o terapeuta ecoa a formulação de Freud no caso Dora/Bauer. Agora Freud também sugere que o problema é quase biológico. Com base na sua sexualidade, algumas pessoas não são capazes de entrar numa transferência e resolvê-la.

Freud está descrevendo um impedimento freqüente. A bissexualidade, ele lembra a seus leitores, é universal. Assim como o medo e a inveja do pai. Freud escolhe casos que ele considera difíceis, como as mulheres que não são naturalmente maternais. Mas é difícil evitar a conclusão de que afinal toda pessoa é um neurótico incurável, apanhado numa armadilha pela biologia que Freud chama de "alicerce". Os fracassos de tratamento já não invalidam a compreensão analítica da mente. A teoria prediz um nível de fracasso em cada caso.

Freud é razoavelmente claro, nessa obra tardia, sobre o que constitui a boa vida. Nas mulheres saudáveis, a inveja é transformada em feminilidade: "o desejo apaziguado de um pênis é destinado a ser convertido no desejo de um bebê e de um marido, que possui um pênis." O desenvolvimento bem-sucedido nos homens culmina na realização heterossexual, com algum grau de sublimação em trabalho criativo.

Análise Terminável e Interminável é a mais acurada das obras de Freud no reconhecimento de que os seus métodos têm limitações. Há uma pungência no arco dos escritos de Freud, desde os primeiros relatos de eficácia universal e os argumentos em favor da satisfação sexual até a admissão tardia dos fracassos clínicos e a conclusão de que, nas questões de gênero e sexo, a conformidade e um grau de repressão sexual são recomendáveis.

XIV

Considerações Finais

A religião absorveu o interesse de Freud nos seus anos finais. Freud nunca negara o seu judaísmo. Ele apreciava piadas de judeu e a companhia de amigos judeus. Identificava-se com o pobre-diabo triunfante. Mas esses eram laços culturais. Como cientista, Freud equiparava a religião à superstição. A vitória da psicanálise assinalaria o fim da crença na influência divina nos assuntos humanos.

Era o que Freud tinha sugerido em *Totem e Tabu*, mas o seu ataque formal começou com *O Futuro de uma Ilusão*, em 1927. O argumento principal era simples: os princípios da religião não podem ser empiricamente autenticados. A religião requer um *credo quia absurdum*, crença cuja virtude consiste na aceitação do absurdo. Mas por que, pergunta Freud, as pessoas decidiram aderir a determinados absurdos? Freud lista as reivindicações da religião: "Sobre cada um de nós vela uma Providência benévola, que é apenas aparentemente severa e que não tolerará que nos tornemos um brinquedo das forças superpoderosas e impiedosas da natureza." A morte será vencida. Se esses princípios têm uma origem psíquica, as suas funções são claras. Como os sonhos, as crenças são desejos. Como os sintomas, elas acalmam a ansiedade.

Para Freud, o monoteísmo, com sua idealização da divindade e humilhação do self, possui a marca da culpa transmitida desde o antigo assassinato-do-pai. A religião é como uma neurose obsessiva em que os rituais e as ruminações mantêm afastado o mal. E nesse ponto Freud faz uma predição: assim como a criança supera o complexo de Édipo, a humanidade superará a religião e a deitará fora em futuro previsível.

Na maior parte do tempo, Freud dizia que as complicações da sexualidade na infância são difíceis de evitar e que a humanidade tem uma capacidade infinita de auto-engano. Mas *O Futuro de uma Ilusão* é mais uma zombaria do que uma tentativa racional de dissuadir o fiel. Freud pergunta: "Pensem no contraste deprimente entre a inteligência radiante de uma criança sadia e os débeis poderes intelectuais do adulto médio. Podemos ter certeza absoluta de que não cabe precisamente à educação religiosa uma grande parte da culpa por essa relativa atrofia?"

Freud escreveria mais tarde que nunca experimentara o "sentimento oceânico" que inspira a crença. Para um cientista que não tem simpatia natural pela religião, a fé é absurda. Além disso, o desprezo de Freud pela religião tinha o efeito de aliar a psicanálise com o empirismo. Freud conclui: "Não, a nossa ciência não é uma ilusão. Mas seria uma ilusão supor que podemos conseguir em outra parte o que a ciência não pode nos dar."

A preocupação de Freud com a religião era um produto dos tempos. A Rússia, a Itália e a Alemanha tinham se entregado à ideologia e à ditadura. Freud tinha uma consciência aguda de que vivia sob a proteção de um país católico, uma verdade que o deixava incômodo, já que ele considerava a Igreja um adversário. Em 1937, quando um colega insistiu que ele fugisse de Viena, Freud respondeu que não tinha medo dos nazistas, mas aceitaria ajuda contra o seu verdadeiro inimigo. Interrogado sobre o que queria dizer, Freud explicou: "A religião, a Igreja Católica Romana." Essa visão inflada da vontade política e do poder secular do catolicismo se revelaria perigosa.

Freud transformou a preocupação em inspiração. Combinando o seu receio em relação à religião com o seu fascínio pelo herói, Freud voltou sua atenção para o líder bíblico Moisés. Numa caracterização que certamente reflete a sua auto-imagem, Freud escreve: "A determinação do pensamento, a força da vontade, a energia da ação fazem parte da imagem do pai — mas sobretudo a autonomia e a independência do grande homem, a sua indiferença divina, que pode se transformar em crueldade."

Moisés e o Monoteísmo é o desafio mais vigoroso de Freud à fé convencional. Ele não faz rodeios: "[O] nosso trabalho nos leva a uma conclusão que reduz a religião a uma neurose da humanidade e explica o seu enorme poder como o de uma compulsão neurótica em nossos pacientes individuais."

O argumento de Freud é espantoso. Ele quer estabelecer a realidade do patricídio primordial questionando a capacidade da psicanálise para explicar ou curar o complexo de Édipo. Afinal, escreve Freud, a angústia da castração parece freqüentemente "injustificada no caso individual", porque a criança não experimentou uma ameaça bastante para produzi-la. Os elementos do complexo de Édipo "só se tornam inteligíveis de modo filogenético, por sua conexão com a experiência de gerações anteriores". O nosso patrimônio genético inclui idéias inatas, "traços-de-memória" do que Freud chama a "herança arcaica" da humanidade.

O que era no passado especulação é agora verdade aceita para Freud, a herança de reações a assassinatos cometidos pelo homem pré-histórico. Freud confessa: "Não posso prescindir desse fator da evolução biológica." Freud conclui com um inesperado método de prova: "[N]ão temos evidência mais forte para a presença de traços-de-memória na herança arcaica do que os fenômenos residuais do trabalho de análise que exigem uma derivação filogenética, porém essa evidência nos parece forte o bastante para postular que assim é de fato." "Os fenômenos residuais" se referem a características e sintomas intratáveis. Se no passado a eficácia da psicanálise justificava as teorias de Freud, agora as limitações do tratamento desempenham esse papel.

Freud faz três concessões no meio de outro *tour de force*, uma análise da história de Moisés como um mito que define uma cultura, o judaísmo. Os mitos fundadores falam em geral de uma criança nobre criada por uma família humilde. Como a história de Moisés vai na direção contrária, Freud conclui que "o homem Moisés" (a expressão de Freud ecoa o Êxodo 11:3) era um nobre egípcio. Ele recrutou os judeus para o monoteísmo, que havia florescido por pouco tempo no Egito, e deu-lhes a circuncisão, um rito egípcio. Freud considera que grande parte do Gênesis, inclusive a aliança com Abraão, é uma distorção, como os elementos desorientadores nos sonhos, destinada a esconder o fato de que Jeová é um deus egípcio — e que os judeus assassinaram Moisés, numa nova encenação da herança arcaica. (Freud apresenta dois homens chamados Moisés. É o monoteísta inflexível aquele que é assassinado.) A Paixão de Cristo é, portanto, uma anulação ritual desse assassinato, uma concentração da culpa comunal. Os judeus acham difícil livrar-se do rótulo de matadores de Cristo e do mais recente libelo de sangue em parte porque eles realmente mataram um profeta, Moisés. O poder do monoteísmo nasce de sua fundação sobre a memória reprimida, que cria uma força perturbadoramente estável, o complexo de culpa, tanto dentro dos indivíduos como dos grupos.

Essa monumental obra final possui os marcos do corpus freudiano, retrocedendo ao ensaio sobre Leonardo e mais além. Como história, a obra não segue os padrões de sua era. Martin Buber queixou-se: "É lamentável que um erudito de tanta importância na sua própria área como Sigmund Freud tenha se permitido produzir uma obra tão pouco científica, baseada em hipóteses sem fundamento, como o seu *Moisés e o Monoteísmo* (1939)." Ao mesmo tempo, as descobertas aparentes de Freud não são originais.

Uma linha de comentário histórico, que teve início no terceiro século a.C. e reviveu no primeiro século e novamente na Renascença, compreende que Moisés era um egípcio. Estrabão, o antigo historiador grego, e John Toland, o filósofo do século XVII, mantinham essa opinião. Outros escritores identificaram Moisés como um hebreu assimilado que iniciou os judeus nos segredos místicos da aristocracia egípcia. De forma atualizada, os elementos dessa tradição passaram para a literatura germânica por meio dos escritos do poeta e polígrafo Friedrich Schiller. Muitos dos textos antigos que investigaram as raízes não judaicas de Moisés eram ecumênicos, mas alguns eram anti-semitas, e por essa razão os humanistas achavam difícil discuti-los no final da década de 1930. Ainda assim, os eruditos não tinham se esquivado da tese Moisés-como-egípcio de um modo que indicasse a repressão cultural de uma verdade vergonhosa.

Embora a correspondência de Freud sugira que ele sabia desses antecedentes, ele se apresenta no seu texto como um herói dando saltos intelectuais. A sua originalidade estava em grande parte limitada à inserção de seu mito favorito, o da herança arcaica. Até a teoria de que Moisés foi assassinado — e Freud admite o fato — tinha aparecido na literatura teológica alemã.

E no entanto, e como sempre, o livro de Freud é comovente. Contém uma estocada nos anti-semitas europeus. Freud os chama de bárbaros "mal batizados", cujo ódio aos judeus oculta um rancor contra o monoteísmo que lhes foi imposto na forma de cristianismo. Numa veia mais moderada, ele explica o anti-semitismo como uma negação da verdade importante de que o monoteísmo, dos egípcios aos hebreus e aos cristãos, representa uma série de reações historicamente ligadas à ansiedade edipiana. Ao mesmo tempo, ao associar os judeus com os seus inimigos, os egípcios, e assim questionar o status especial ("eleito") de sua própria tradição, Freud está golpeando o sectarismo e exibindo a indiferença cruel que ele equiparou ao heroísmo.

Freud publicou as duas primeiras partes de *Moisés e o Monoteísmo* em 1937. Ele não publicou a terceira por prudência, temendo a reação da Igreja Católica. Depois, em 12 de março de 1938, as tropas da Wehrmacht entraram em Viena. A Igreja celebrou a vitória de Hitler. Em 13 de março, os Camisas Marrons invadiram a casa de Freud na Berggasse, 19, e a sua editora, ali perto. O seu filho Martin foi mantido como refém por algumas horas. Ainda assim,

Freud não estava ansioso por deixar a sua terra natal, acreditando, nas palavras de Martin, "que a explosão nazista estava numa cadência tão desacertada diante da marcha da civilização [...] que logo seria restaurado um ritmo normal, e os homens honestos teriam permissão de continuar suas vidas sem medo". Então, em 22 de março, Anna ficou presa durante todo um dia no quartel da Gestapo. Freud concordou em emigrar. Tem-se dito que, ao ser obrigado a fornecer um certificado atestando que fora bem tratado, ele escreveu uma nota atrevida: "Posso recomendar a Gestapo a todo mundo." Embora de acordo com a sua figura, a história é, infelizmente, apócrifa.

Freud deixou quatro de suas irmãs para trás. Uma morreu de fome em Theresienstadt. As outras foram assassinadas, provavelmente em Auschwitz. Quando ainda se mostrava ambivalente, Freud havia imposto, como condição para sua saída de Viena, que seus parentes afins e a família de seu médico também tivessem permissão para sair do país. Ele não mencionou as irmãs, talvez porque não pudesse imaginar que algum mal viesse a acontecer a essas idosas comuns. Apesar de seu pessimismo sobre os humanos em grupos, Freud parece não ter avaliado plenamente o potencial imediato de barbárie na Europa.

Freud estava frágil, recuperando-se de mais outra cirurgia. Escreveu a seu filho Ernst: "Duas perspectivas se apresentam nestes tempos conturbados — ver vocês todos juntos mais uma vez e morrer em liberdade. Às vezes me vejo como Jacó sendo levado pelos filhos ao Egito, quando estava muito velho. Vamos esperar que não se siga um êxodo do Egito. Já é hora de Ahasver [isto é, o Judeu Errante] repousar em algum lugar." Em junho, Freud conseguiu chegar a Londres via Paris. Muitas de suas antiguidades viajaram junto, bem como o seu chow-chow.

Na Inglaterra, Freud se preocupou com a sua cunhada Minna, que estava morrendo. Passou por intervalos de depressão. Mas, no geral, Freud gostou da recepção generosa que o tinha saudado. A Royal Society, a academia de ciências britânica, enviou uma delegação para honrar Freud. Ele retomou o trabalho sobre Moisés. É de certo modo comovente pensar em Freud sofrendo, no exílio, lutando para examinar o anti-semitismo por meio da teoria psicanalítica.

O câncer foi implacável. Apesar da grande cirurgia, Freud sentia uma dor constante. A radioterapia propiciava algum alívio. De forma extraordinária, Freud continuava a tratar os seus pacientes. Despedia-se dos amigos. Em setembro de 1939, Freud lembrou a seu médico, Max Schur: "[V]ocê deve se lembrar de nosso contrato para não me deixar na mão, quando a hora chegasse. Agora é só tortura, e não faz sentido." Era o pedido de um realista e um cientista, um pedido heróico. Freud instruiu Schur: "Fale com Anna e, se ela concordar, ponha um fim nisto." Quando Anna deu o seu consentimento, Schur administrou uma dose letal de morfina.

XV

Perda

Eis um homem que hipnotizou o mundo. A marca da teoria de Freud é evidente na alta arte, na cultura popular e na psicologia cotidiana. Durante a maior parte de um século, a psicanálise também dominou a psiquiatria, fornecendo a principal teoria da mente e o meio preferido de tratamento. A influência de Freud não poderia ter sido maior. Estrangeiro vindo das províncias, Freud havia realizado suas aspirações mais ambiciosas.

Como essa realização agora nos parece extraordinária! As falhas de Freud eram visíveis. Os seus colegas vienenses viram as suas fraudes à mostra repetidas vezes. O início de uma caminhada bastou para que William James tomasse a medida de Freud. Quase todo argumento apresentado em anos recentes contra as afirmações expansivas de Freud e seus métodos de prova foi também elaborado por seus contemporâneos.

Parte do sucesso de Freud deve ser atribuído a suas qualidades como homem. Ele pode ter sido obsessivo e sempre pronto a fazer julgamentos — na sua própria opinião, um homem difícil de agradar aos outros. Mas ele era também vigoroso e brilhante, com uma espantosa amplitude de referências e uma apreciação do humor. Era culto, com gostos refinados. Como escritor e palestrante, era um estilista talentoso. Ninguém igualava seu talento em aplicar as suas próprias premissas. Orgulhoso, combativo e vingativo, Freud criava rivais tão facilmente quanto seguidores. Mas, durante toda a sua vida, e cada vez mais nos seus últimos anos, Freud atraía admiração e lealdade. Era uma força da natureza.

A influência do nível de Freud deve ir além do pessoal. As afirmações e teorias de Freud satisfaziam muitas necessidades. Tanto na Europa como nos Estados Unidos, a doença mental era difundida. O progresso rápido era a norma em outras áreas da medicina. Ao menos na aparência, os relatos de casos e as descobertas de Freud faziam parte de um renascimento científico que oferecia esperança ao sofrimento.

As lições que Freud ensinava eram altamente palatáveis. Repetidas vezes, ele reclamou que a sociedade resistia a suas novas sobre a sexualidade infantil, o complexo de Édipo e o domínio das forças irracionais na mente. Na prática, Freud ecoava a opinião avançada, as verdades do teatro, da literatura e dos cafés. A franqueza sexual, os ataques às hipocrisias das instituições, da Igreja à família, um desnudamento das motivações ocultas perceptível nos detalhes do comportamento — para a elite vienense, familiarizada com as peças de Arthur Schnitzler e com a ficção e o jornalismo do grupo da Jovem Viena, essas abordagens eram bem-vindas. Freud dava forma médica aos principais preconceitos da Europa do *fin de siècle*.

Da mesma forma, Freud resumia as visões médicas mais otimistas de sua era. Ele mexeu com hidroterapia, eletroterapia e hipnose. Tinha grandes esperanças a respeito da cocaína. Como muitos de seus colegas, acreditava em forças poderosas — na sexualidade e depois no inconsciente

— que podiam ser liberadas de maneiras libertadoras. Empregava as teorias de Fliess sobre numerologia. Freud era fascinado pela telepatia ou "transferência de pensamento", uma atividade suplementar que o seu círculo íntimo suprimiu em interesse do próprio Freud. Ele oscilava entre o ceticismo e a credulidade. Essas contradições mesclavam-se atraentemente na pessoa de Freud. Ele oferecia a promessa da cura sob a forma de um grave filósofo.

Essa combinação tem uma longa história. As antigas escolas gregas, os estóicos, os cínicos, os céticos, os epicuristas e os aristotélicos advogavam formas de autoconhecimento que protegiam contra a perturbação mental. Essas idéias foram reelaboradas na Renascença e no Iluminismo, nos aforismos de Montaigne e La Rochefoucauld e até em Immanuel Kant. Apesar da carreira substancial de Freud como pesquisador antes que voltasse a sua atenção para a psicologia, e apesar da pátina científica que ele aplicava a seu trabalho, a teoria psicanalítica pode ser compreendida como um retrocesso a uma tradição que pré-data a medicina moderna.

É costumeiro falar de um pêndulo que se afastou de Freud e retornará na sua direção. Mas é igualmente plausível ver Freud como uma figura exótica do milênio, oferecendo formulações que representam uma interrupção incomum no lento progresso da psiquiatria, desde a obra de Briquet e Janet até a era atual, com seu foco nas células nervosas e nos neurotransmissores, suas tentativas de estudar a doença mental por meio do uso de autópsias, exploração do cérebro e genética comportamental, e seu amplo interesse, no front psicológico, pelo estresse e pelo trauma.

Sem dúvida, as teorias grandiosas que Freud abraçava não retornarão. Breuer acertou em cheio quando reclamou que Freud era "dado a formulações absolutas e excessivas". O exagero era uma característica de Freud. "*Todo sintoma histérico individual desaparecia de forma imediata e permanente quando conseguíamos trazer claramente à luz a memória do acontecimento pelo qual fora provocado, e também suscitar o afeto que o acompanhava.*" "A neurastenia é sempre *apenas* uma neurose sexual." "No fundo de todo caso de histeria, há *uma ou mais ocorrências de experiência sexual prematura*, ocorrências que pertencem aos primeiros anos da infância." "Os sonhos são realizações de desejos." A experiência e a repressão de fantasias infantis de incesto e assassinato são "um acontecimento universal na primeira infância". "*O objetivo de toda a vida é a morte.*" "No id, que é capaz de ser herdado, estão abrigados os resíduos das existências de inúmeros egos" que trazem a marca de um patricídio primordial.

É ainda menos provável que as contribuições mais detalhadas de Freud voltem a ser aprovadas. Os desejos vergonhosos não são a base para a paranóia. A ambivalência não é necessária para a depressão. Nenhuma evidência sustenta os mecanismos centrados no sexo, a que Freud dava valor: a inveja do pênis, a angústia da castração, a homossexualidade latente e o resto. Até o complexo de Édipo parece hoje o que os críticos de Freud dele diziam, uma descrição exagerada e incompleta de pulsões e restrições que perturbam a infância e a vida em família.

Os seguidores de Freud aceitavam os exageros ou faziam-lhes vista grossa como elementos concomitantes e inevitáveis do gênio. E é verdade que Freud introduziu alguma coisa de valor. Ele defendeu a cura pela fala, o tratamento mais eficaz então existente para uma série de doenças mentais. Os seus contemporâneos experimentavam segundo linhas semelhantes, mas foi a versão espantosa de Freud que capturou a imaginação profissional e depois a popular. A psicanálise e a busca inexorável de símbolos recônditos eram novas e modernas.

O desenvolvimento da psicanálise foi semelhante à apresentação de um produto em nossa era pós-industrial. Freud começou com um método altamente imperfeito — investigar a origem dos sintomas nas reminiscências —, que propiciou o reconhecimento do nome de sua abordagem e a participação no mercado. Ele então revisou sua teoria e técnicas, tornando-as amplamente aceitáveis. A transferência, como um conceito, exigia uma discussão das atitudes do paciente no ambiente terapêutico. A atenção ao ego permitia uma consideração da personalidade do paciente e uma abordagem característica das situações embaraçosas. A psicanálise tornou-se uma abordagem menos surpreendente e mais abrangente da pessoa.

Como era fascinante, como era popular, a psicanálise atraiu mentes brilhantes. Elas transformaram ainda mais a disciplina, abandonando a maioria de seus aspectos distintivos. Freud havia enfatizado o papel do inconsciente e sua revelação por meio da interpretação do sonho, mas os seus casos eram sempre compreensíveis em termos diretos, como histórias sobre a vida em família. A psicoterapia afastou-se da teoria que os acompanhava, e seguiu na direção da narração de histórias.

Hoje os tratamentos com uma linhagem freudiana ajudam os pacientes a reconhecer os sentimentos difíceis e as suas origens. Os objetivos são a autoconsciência e a tolerância do afeto. Não há freqüentemente nenhuma tentativa de desmascarar pulsões infantis vergonhosas. Uma escola contemporânea de psicanálise coloca o foco sobre rupturas na harmonia parental durante a infância do paciente. Longe de exercer uma frieza cirúrgica, o terapeuta tenta manter uma empatia minuciosamente acurada. A teoria é que o paciente sofreu o dano psíquico que torna a confiança e a intimidade difíceis. Presume-se que o paciente foi lesado, não que esteja em conflito. Outras formas de terapia, aquelas que focam cognições mal-adaptadas ou padrões rígidos nas relações, ainda têm menos necessidade de um inconsciente dinâmico. Lidam exclusivamente com memórias acessíveis em relação a desafios presentes.

Até o ideal platônico de análise proposto por Freud se perdeu. Freud foi o exemplo extremo, ao impor de maneira intrusiva a sua teoria aos pacientes. Mas todo tratamento implica escolher alguns temas entre as questões que o paciente propõe — o problema Cäcelie M. O analista aplica teorias e crenças a respeito das normas sociais, e essas opiniões se tornam aparentes. A neutralidade é impossível. A maioria das escolas de psicanálise agora reconhece que toda terapia é um jogo entre duas pessoas.

Um modo de enquadrar a contribuição de Freud é dizer que ele começou a explorar as ramificações da sexualidade infantil e, quase incidentalmente, desenvolveu uma psicologia adequada ao mundo moderno. A projeção talvez não seja uma das causas da paranóia. A identificação não resulta em homossexualidade. A depressão pode surgir independentemente do narcisismo. A consciência pode não se desenvolver a partir da introjeção indiscriminada de um pai temido. Mas, ao observar processos como a projeção e a introjeção — provavelmente mais no seu próprio pensamento do que no de seus pacientes —, Freud forneceu um rico conjunto de conceitos e um vocabulário inestimável para a discussão do comportamento. Claro, os termos perderam o seu significado original. Para Freud, a introjeção, a identificação e o restante eram manifestações do complexo de Édipo na sua forma concreta, com o incesto e o assassinato em discussão. Agora são simplesmente maneiras de sentir ou interagir. As palavras poderiam ser empregadas em qualquer psicologia, inclusive naquela que não reconhece o inconsciente.

Freud acreditava que, usando o sexo como uma força dinâmica, podia explicar uma série de fenômenos psicológicos, da histeria à vida amorosa frustrada e a lapsos de língua. Como as suas hipóteses simples freqüentemente fracassavam, e como o ambiente social mudou dramaticamente — a brutal Guerra Mundial foi um momento decisivo —, Freud continuou a modificar e acrescentar perspectivas. O resultado foi que ele desenvolveu uma psicologia altamente eclética.

Despida de suas premissas subjacentes, essa psicologia provou ser viável. A descrição da mente e da pessoa começa com a premissa de que há graves limitações para a racionalidade humana. O nosso pensamento, a nossa emoção e o nosso caráter são em parte produtos de pulsões animais. Essas pulsões têm uma história de desenvolvimento. Elas mudam durante toda a infância e mais tarde. Ao longo do desenvolvimento, a mente se torna segmentada. A memória armazena modelos de pessoas e interações importantes, assim como são experimentadas na infância. Surge o conflito interior. Os modelos e as forças conflitantes levam a limitações da liberdade de perceber com acuidade e a comportar-se de forma adaptativa na vida adulta. As distorções de percepção e autoconsciência têm formas características — as várias defesas. O auto-exame orientado pode levar a um aperfeiçoamento da autoconsciência e depois a um comportamento menos estereotipado.

Se a tivesse encontrado, essa lista de idéias expressadas num alto nível de generalidade teria enfurecido Freud. Omite tudo o que distinguiu a psicanálise. Mas Freud havia começado uma discussão, que depois prosseguiu de forma mais pragmática, empregando elementos que ele fornecera. Pensem nas variedades de metapsicologia freudiana: topografia, dinâmica, economia, genética e estrutura. Ponham de lado conceitos particulares, das fixações anais à conservação da energia psíquica. Ao definir suas cinco perspectivas, Freud sugeriu que a vida humana é digna de ser considerada de forma complexa, em termos de pensamentos não examinados; conflito interior; ligações e relações; história do desenvolvimento; o self, os desejos e os valores.

Outras estruturas também poderiam ter servido ao objetivo. Na sua essência, as categorias de Freud podem soar às vezes comuns e arbitrárias. Mas como ele contava histórias convincentes, como ele legitimava o desafio da convenção, como ele argumentava veementemente por um conjunto sempre cambiante de pontos de vista, Freud começou uma discussão e estabeleceu os seus termos. Ele popularizou a psicologia e deu origem, em última análise, à nossa própria era, à era do auto-exame e da memória.

Freud é conhecido pelo seu pessimismo, mas em retrospectiva os seus escritos, ao longo de grande parte de sua carreira, constituem um ponto alto para uma certa espécie de confiança. O otimismo começa com a crença de que reconstruir memórias ou resolver a neurose da transferência revoga invariavelmente a doença mental. Com o tempo, Freud anexou muitas advertências. Ainda assim, o volume de sua obra sugere que, para o paciente de boa constituição, trazer o reprimido à consciência e resolver as projeções sobre o analista devem resultar na cura completa até de doenças angustiosas.

Hoje ainda podemos ver o que parecem ser resoluções permanentes de doenças mentais graves apenas com o emprego da psicoterapia; mas esses resultados são menos freqüentes do que indicavam os relatos de Freud. Recuar da fé na autoconsciência acarreta perda.

A perda ultrapassa a moderação da esperança no caso particular. Durante a maior parte de um século, os seguidores de Freud acreditaram compreender a estrutura do pensamento, o curso do desenvolvimento psicológico humano e até o funcionamento de grupos. A psicanálise podia ser complexa, mas, se alguém se dispunha a fazer o trabalho, as descobertas estavam ali para serem conhecidas a fundo.

Começando com *O Projeto para uma Psicologia Científica*, o programa de Freud era extenso. Ele imaginava que, pela introspecção e observação clínica, poderia mapear a mente. Já não partilhamos essa convicção. O ego, o id e o superego são categorias convenientes, mas é menos claro se correspondem a algo concreto — circuitos do cérebro, digamos, ou até aspectos estáveis do self. Hoje o ponto de partida apropriado parece ser as emoções ou traços de personalidade, que poderiam corresponder a caminhos ou centros no cérebro. O medo e a sensação de segurança, a introversão e a extroversão, a aversão ao risco e a dependência da recompensa — há alguma esperança de que possamos localizar esses sentimentos e características. Mas um novo modelo estrutural parece muito distante. A nossa compreensão do inconsciente está mais ou menos no mesmo ponto em que estava antes de Freud começar a escrever. Perdemos a nossa crença de que compreendemos a natureza da mente.

Temos ainda menos certeza de poder explicar o funcionamento do grupo por meio dos tijolos da psicologia individual. O comentário social não era o ponto forte de Freud. Ele podia ser previdente, mas freqüentemente errava o alvo. Antes e durante a Primeira Guerra Mundial, Freud nutria uma fé romântica no Império e no gênio individual, expressa por meio da noção de sublimação. Freud oscilava a respeito dos papéis da civilização e da repressão sexual. Eram perigos ou graças salvadoras? Ele só chegou a sentimentos solidamente negativos sobre a condição humana, junto com o restante da Europa, nos anos economicamente perturbados entre as guerras. E então predisse a rápida morte do monoteísmo.

Assim como acontece com a sua psicologia, a teorização social de Freud são pensamentos totalmente gerais — que algo está errado entre nós e o nosso ambiente, e que o problema não será facilmente solucionado. O seu conceito explicativo central, nos seus livros sobre religião e cultura, era pura fábula. Não há herança arcaica. O problema não é apenas que as afirmações de Freud eram incoerentes, ou que poderíamos discordar de algumas delas. Já não imaginamos que podemos fazer melhor — discernir as origens ou o futuro da cultura pela consideração de um ou alguns fatores dinâmicos.

Qual é afinal a nossa compreensão de Freud? Interpretações diferentes da evidência levarão a conclusões diferentes.

Mas é inegável que ele era mais tortuoso e mais dado à auto-exaltação do que imaginávamos antes que os pesquisadores localizassem os pacientes discutidos nos seus sonhos e histórias de casos. Há uma constância inquietante na indiferença de Freud a fatos inconvenientes. A tendência perpassa toda a sua carreira. As suas biografias, de Leonardo e Moisés, são tão distorcidas quanto os seus relatos de caso. Suas sociologia e teologia são tão arbitrárias quanto suas interpretações clínicas. Repetidas vezes, ele é menos original do que finge ser. Nos pontos em que é muito inovador, ele é menos confiável.

Freud foi freqüentemente um observador sério das vicissitudes do amor. E propiciou um grande benefício ao despertar o mundo para as belezas da psicoterapia. Mas ele intimidava os seus pacientes e deturpava os seus resultados. Pôs em andamento crenças sobre a falta de saúde que tiveram o efeito de culpar as vítimas e às vezes também os pais das vítimas. Embora fosse razoavelmente liberal nas suas opiniões privadas, Freud consolidou típicos preconceitos sociais padrões sobre as mulheres e os homossexuais.

Eis a perda final que a reavaliação de Freud nos impôs, a perda do homem Freud. Ele se representava como o menino pobre que venceu o anti-semitismo e a insolência de colegas tacanhos. Era brilhante, autoconsciente, bondoso, paciente, intuitivo, valente, impetuoso, vigoroso e imperturbável — mais uma vez, o antigo ideal de um filósofo, na pessoa de um judeu culto, cosmopolita, espirituoso e ateu. Freud foi o modelo intelectual, o *honnête homme*, o protótipo moderno.

Dos traços de personalidade, permanecem o brilho e o vigor, junto com parte da coragem e autoconsciência.

Freud encontrou menos adversidade do que seus escritos autobiográficos sugerem. Nas suas fases produtivas, Freud exibia algo do executivo hipomaníaco, cuspindo idéias e editando-as de modo irregular. Era mau juiz de caráter, socialmente desajeitado, ansioso, obsessivo, autojustificador, exageradamente confiante no raciocínio e com uma falta chocante de empatia. Aplicava as suas teorias com teimosia e depois proclamava vitória, tanto no consultório como na imprensa. Em tudo, foi um criador de mito, em seu próprio interesse.

Talvez nos sintamos entristecidos e esvaziados — eu me sinto — com a perda de um herói. Mas a revelação gradual de um Freud menos franco, menos competente, menos amável contém uma afirmação dos preceitos freudianos. O que Freud acreditava sobre a humanidade aplica-se à sua própria vida. Os homens vivem à mercê de suas pulsões, modeladas na infância. O que está oculto nas pessoas talvez não seja admirável. Quanto a nós, seus antigos admiradores, a sabedoria de Freud também se aplica aqui. Os nossos líderes — as encarnações de nosso ideal do ego — são construções nossas, nascendo de nossas necessidades. Nos assuntos dos homens, a racionalidade é difícil de alcançar, e são copiosas as fantasias.

Nota Bibliográfica

Este livro tem duas fontes: os escritos e as cartas de Freud, que li em tradução, e as biografias e monografias publicadas por outros. Apesar de seu viés evidente, a vida autorizada, escrita por Ernest Jones, permanece inestimável. A biografia de um volume de Peter Gay é também indispensável, especialmente a respeito do lugar de Freud na cultura vienense. Louis Breger e Ronald Clark foram bem-sucedidos em integrar as novas descobertas menos lisonjeiras na narrativa do desenvolvimento de Freud. As biografias curtas de Anthony Storr, Octave Mannoni, Martin Freud, Barry Silverstein, Jonathan Lear e de meu antigo professor, o falecido Richard Wollheim, são perspicazes, cada uma a seu modo. *The Discovery of the Unconscious*, de Henri Ellenberger, e *Freud: Biologist of the Mind,* de Frank Sulloway, são extraordinárias obras de erudição e pontos de partida vigorosos da grande revisão. Peter Swales, Jeffrey Masson e Frederick Crews continuaram o processo, com mais sensatez do que seus críticos alegam. Eu me baseei na esclarecedora escritora francesa Lydia Flem, utilizando a sua montagem dos detalhes de um dia típico de Freud. As novas análises de Patrick J. Mahony sobre os casos publicados de Freud são sempre perspicazes. Entre as muitas memórias de tratamento com Freud, utilizei muito as notas mordazes de Joseph Wortis. Paul Roazen fez um persistente trabalho externo, investigando aqueles pacientes de Freud que não escreveram relatos de seu tratamento. A irmã de Freud, Anna Bernays, e o consultor administrativo Peter F. Drucker contribuíram com breves reminiscências reveladoras. Recorri a vários livros especializados que tratam de detalhes da vida de Freud. O compêndio de Robert Byck com os "artigos da cocaína", a crítica da política psicanalítica de Phyllis Grosskurth, o levantamento de Lisa Appignanesi e John Forrester sobre as relações de Freud com as mulheres, a história de Freud na América escrita por Nathan Hale e o panorama de Freud e a literatura de Moisés apresentado por Jan Assmann merecem especial atenção. Essa lista deixa de citar dúzias de livros e ensaios. Freud teve sorte com suas biografias. É provável que o leitor interessado encontre dados valiosos em qualquer direção que siga na sua procura.

markgraph

Rua Aguiar Moreira, 386 - Bonsucesso
Tel.: (21) 3868-5802 Fax: (21) 2270-9656
e-mail: markgraph@domain.com.br
Rio de Janeiro - RJ